Inhaltsverzeichnis

Die im Inhaltsverzeichnis mit „UE" – „UE" bedeutet Unterrichtseinheit – gekennzeichneten Themen gliedern den Lehrstoff in 14 Unterrichtseinheiten.

Technische Freihandskizzen anfertigen

Die technische Freihandskizze – Bindeglied zwischen Idee und Produkt

In der Grafik wird eine Szene dargestellt, die sich vor mehr als 4 000 Jahren so ähnlich abgespielt haben könnte.

Arbeitsaufgaben

Betrachtet das Bild aufmerksam und bearbeitet die folgenden Arbeitsaufträge in Gruppen. Formuliert eure Antworten in vollständigen Sätzen.

1. Welchen wesentlichen technischen Fortschritt kannst du erkennen?
2. Warum wird der entscheidende Fortschritt, welcher sich in der Zeichnung des „malenden" Mannes offenbart, von seinem Gefährten nicht erkannt?
3. Wie groß ist der materielle und zeitliche Aufwand, den der Mann zur Veranschaulichung seiner Idee hat?

Skizzieren und Informationsgesellschaft?

Was aber hat die in der Grafik dargestellte Situation mit unserer modernen Informationsgesellschaft zu tun?

Der Mann hat seine Idee – das Schöpfrad gilt übrigens als eine der ältesten technischen Anlagen – mit einfachsten Mitteln und geringem Aufwand in Form einer technischen Freihandskizze dargestellt. Diese Fähigkeit gewinnt gerade im Zeitalter des Computers wieder verstärkt an Bedeutung.

Der besondere Stellenwert einer Skizze wird vielleicht durch das folgende Beispiel verständlicher.

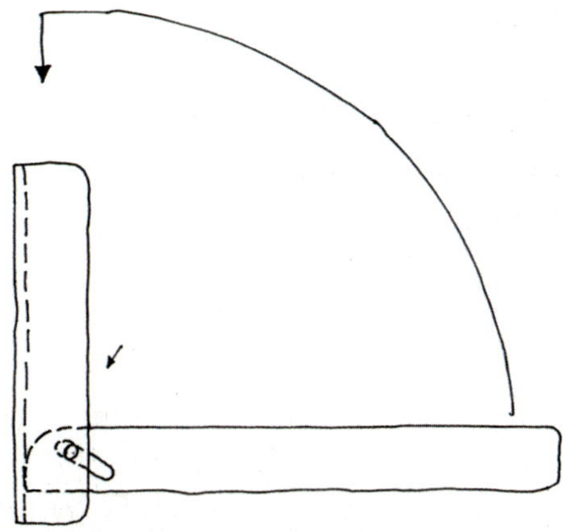

Erste Gedanken bzw. Ideen werden in Form von Skizzen zu Papier gebracht.

Ein Produkt soll entstehen

Ein Unternehmen möchte eine Halterung zur Aufhängung von Gartenschläuchen entwickeln. Sie soll so konstruiert werden, dass sie bei Nichtbenutzung eingeklappt werden kann.

Entwicklung erster Ideen

Die ersten Ideen bzw. Gedanken zu dieser Problemstellung werden in Form von Skizzen zu Papier gebracht. Mit deren Hilfe können die Ideen weiter ausgereift und optimiert werden. Der Aufwand für die Erstellung der Skizzen ist denkbar gering.

Der Computer kommt zum Einsatz

Die optimierten Skizzen dienen als Grundlage für die Modellierung der Halterung an einem CAD-Software-System. Mithilfe der Software kann die Funktionsfähigkeit der Halterung getestet werden. Die Daten des Computers können darüber hinaus für die Materialbestellung, für Montageanleitungen, zur Kostenkalkulation oder auch für die computergestützte Fertigung genutzt werden.

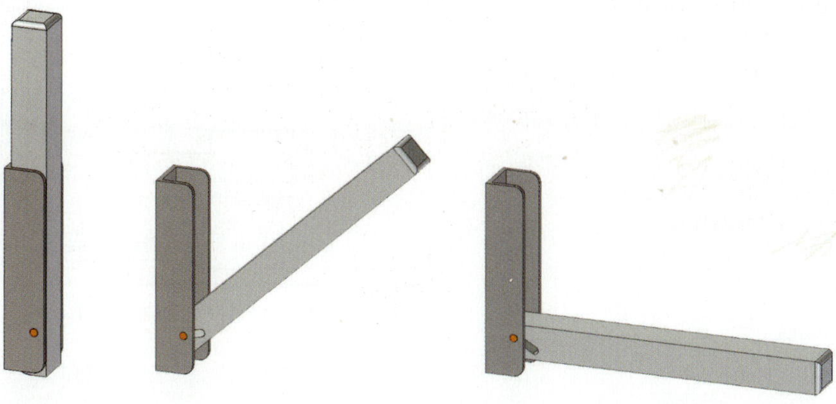

Der Klappmechanismus wird am CAD-System simuliert, und die Software prüft dabei die Funktionsfähigkeit.

CAD

Der Begriff CAD steht für Computer Aided Design, zu dt. „computerunterstütztes Konstruieren".

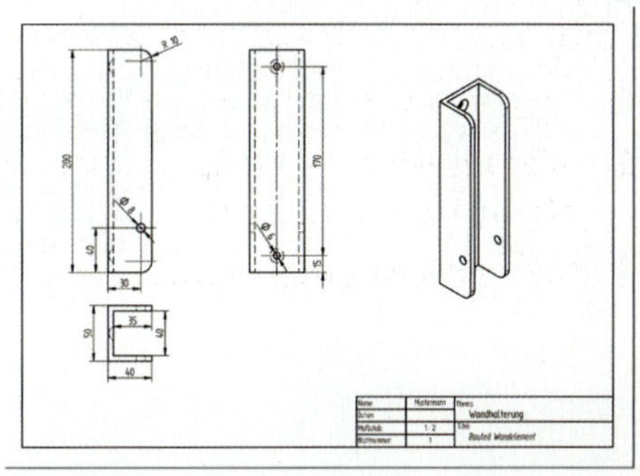

Technische Zeichnung eines Bauteils der Halterung

Mit Unterstützung der CAD-Software werden **technische Zeichnungen** – sie sind Grundlage für die Herstellung des Produktes und können von jedem Techniker weltweit gelesen werden – angefertigt.

Die technische Freihandskizze ist ein wichtiges Bindeglied bei der Lösung technischer Problemstellungen.

Begriffsklärung

Technische Freihandskizze

Skizzen für technische Zwecke werden in der Regel weitgehend freihändig erstellt. Deshalb ist es zweckmäßig, freihändig erstellte Skizzen im Bereich der Technik als „technische Freihandskizzen" zu bezeichnen.

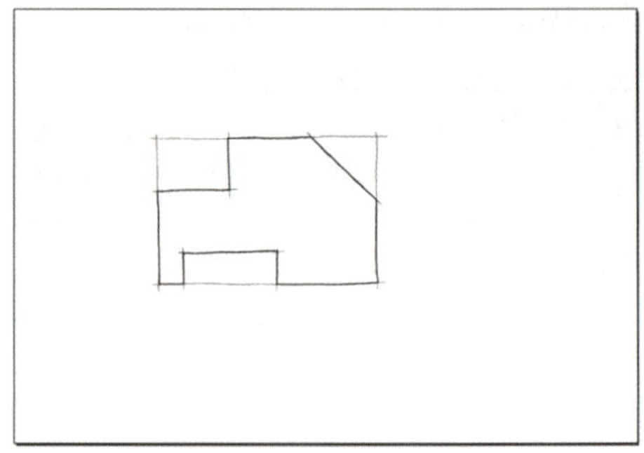

Eine technische Freihandskizze

Eine weitgehend freihändig erstellte Skizze wird als technische Freihandskizze bezeichnet.

Merkmale der technischen Freihandskizze

- **Sie wird weitgehend freihändig erstellt.**
- **Sie muss nicht exakt maßstäblich sein.**
- **Sie kann auf einfachem oder Rasterpapier gezeichnet werden.**
- **Zur Erstellung reichen Papier und Bleistift aus.**

Technische Zeichnung

Eine technische Zeichnung ist eine sehr genaue Zeichnung, die alle für die Herstellung eines Werkstücks notwendigen Informationen beinhaltet. Die Erstellung einer technischen Zeichnung unterliegt DIN-Normen. Die folgenden DIN-Normen sind dafür von besonderer Bedeutung:

DIN	476	Papierformate
DIN	15	Linienarten
DIN	5	Räumliche Projektionsarten
DIN	6	Ansichten
DIN	6776	Normschrift
DIN	201	Schraffuren
DIN ISO	5455	Maßstäbe

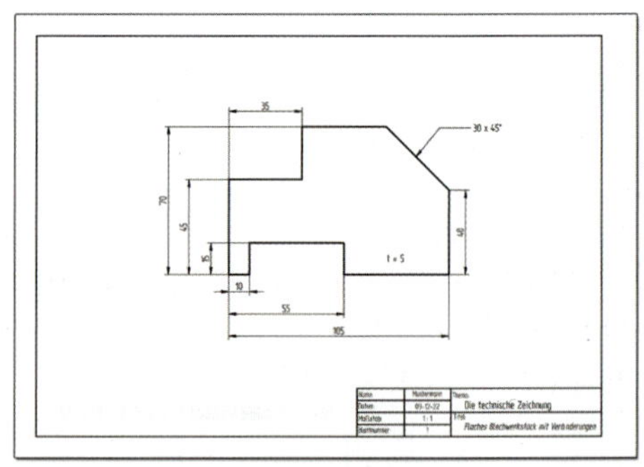

„Technische Zeichnung" mit Bemaßung

Eine technische Zeichnung ist eine exakte Zeichnung, die alle für die Herstellung notwendigen Informationen beinhaltet. Die Erstellung unterliegt DIN-Normen.

Merkmale einer technischen Zeichnung

- **Sie ist eine sehr exakte Zeichnung.**
- **Sie wird am CAD-System erstellt.**
- **Sie enthält Hinweise zur Herstellung des Werkstücks (abhängig vom technischen Verwendungszweck).**
- **Sie unterliegt DIN-Normen.**

Technisches Zeichnen im Wandel

Die nebenstehenden Abbildungen zeigen klassische Zeichengeräte, die aus den Konstruktionsbüros längst verschwunden sind. Technische Zeichnungen werden heute überwiegend am Computer erstellt.

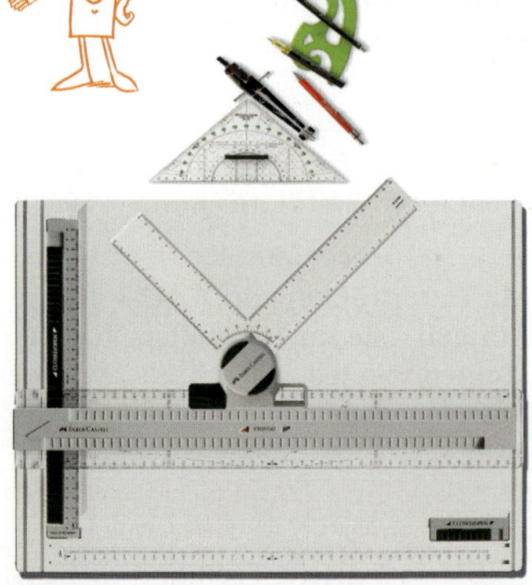

Klassische Zeichengeräte werden in der Praxis so gut wie nicht mehr verwendet.

Vorzüge der technischen Freihandskizze

Ein Beispiel aus der Praxis

Damit die Auszubildenden der Schreinerei Müller den fachgerechten Umgang mit Werkzeugen und Materialien lernen, müssen sie regelmäßig Übungswerkstücke erstellen. Der Meister stellt Jonas vor die Aufgabe, zwei Leimholzbretter durch eine Fingerzinkenverbindung miteinander zu verbinden. Jonas runzelt die Stirn und sein Chef merkt sofort, dass er nicht weiß, wie diese traditionelle Holzverbindung aussieht.

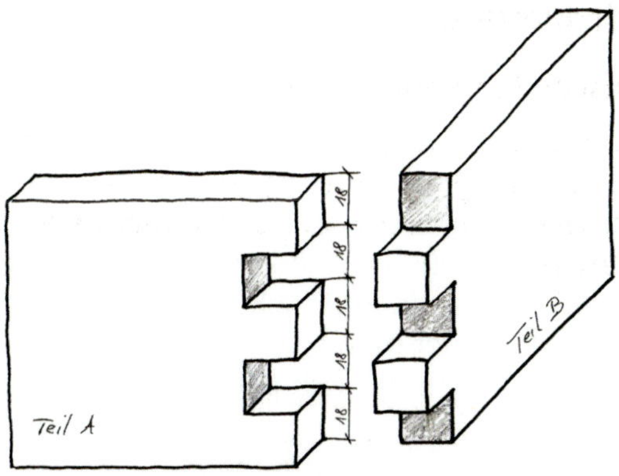

Durch die Freihandskizze seines Chefs hat Jonas eine klare Vorstellung von der Holzverbindung bekommen.

Der Meister greift zum Bleistift

Mit Bleistift und Papier fertigt der Meister in wenigen Augenblicken eine Freihandzkizze der Holzverbindung an. Jonas ist erstaunt, wie gewandt der Meister mit dem Bleistift die Skizze zu Papier bringt. Schon während des Skizzierens bekommt er eine klare Vorstellung davon, wie die fertige Holzverbindung auszusehen hat.

Die Skizze bei Kundengesprächen

Regelmäßig fährt Jonas mit seinem Chef zu Kundengesprächen. Auch hier hat der Chef stets Bleistift, Skizzierblock und Klemmbrett dabei. Je nach Situation werden Maße aufgenommen, Lösungsvorschläge skizziert, Sachverhalte veranschaulicht oder auch Lösungswege für Problemstellungen erarbeitet.

Bleistift, Skizzierblock und Klemmbrett sind bei Kundengesprächen immer dabei.

An der „richtigen Stelle gespart"

Würde der Meister anstelle der Freihandskizzen eine technische Zeichnung erstellen, wäre dies stets mit einem enormen zeitlichen Aufwand verbunden. Jonas wird durch seine Beobachtungen klar, dass sich sein Chef durch seine zeichnerischen Fähigkeiten viel Zeit spart. Er kann dadurch effektiver arbeiten und bleibt konkurrenzfähig.

Vorzüge der Freihandskizze

- Geringer zeitlicher Aufwand
- Kein großer materieller Aufwand – Papier und Bleistift reichen vollkommen aus.
- Alle unwichtigen Elemente bzw. Details dürfen in der Skizze vernachlässigt werden.
- Skizzen erleichtern die Lösungsfindung bei technischen Problemstellungen.
- Gute Skizzen können als Vorlage für die Erstellung von Produkten dienen.
- Skizzen ersparen aufwendige verbale Erläuterungen („ein Bild sagt mehr als tausend Worte").

Arten von technischen Freihandskizzen

Freihandskizzen zur Veranschaulichung von Funktionszusammenhängen

Um technische Funktionszusammenhänge zu veranschaulichen, können je nach Komplexität der technischen Gegebenheiten 2- oder 3- dimensionale Freihandskizzen zum Einsatz kommen. In vielen Fachbüchern findet man solche Skizzen, die aus optischen Gründen farblich nachbearbeitet werden.

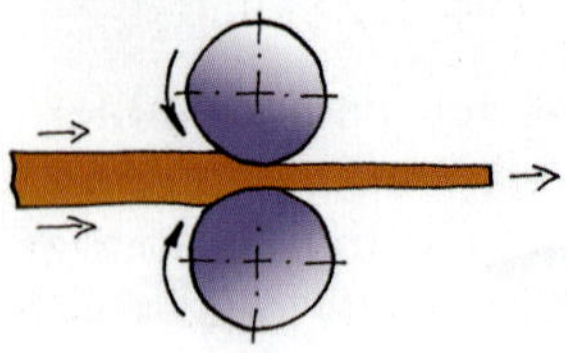

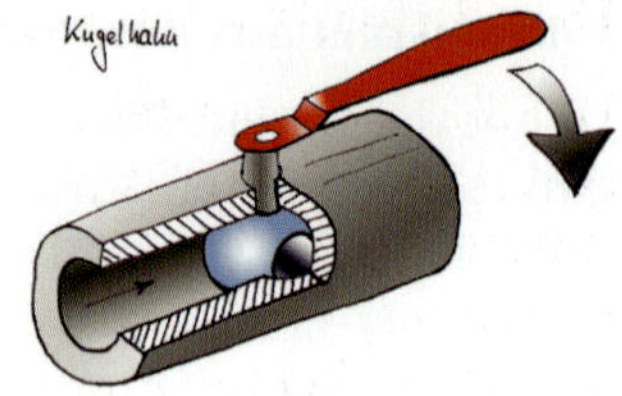

Freihandskizzen als Fertigungsskizzen

In Handwerksbetrieben ist es nicht immer notwendig, aufwendige technische Zeichnungen für einfache Werkstücke zu erstellen. Gute Freihandskizzen mit allen für die Herstellung erforderlichen Maßen reichen vollkommen aus.

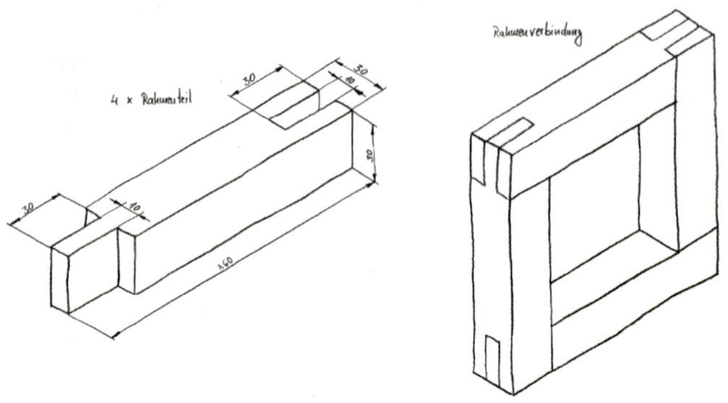

Fertigungsskizzen einer Holz-Rahmenverbindung

Freihandskizzen zur Illustration

In Arbeits- und Bedienungsanleitungen sowie in Montageplänen kommen immer wieder Freihandskizzen zum Einsatz. Diese haben den Vorteil, dass alle unwichtigen Elemente ausgeblendet bleiben. Dadurch wird die Aufmerksamkeit gezielt auf den gewünschten Teilbereich gelenkt.

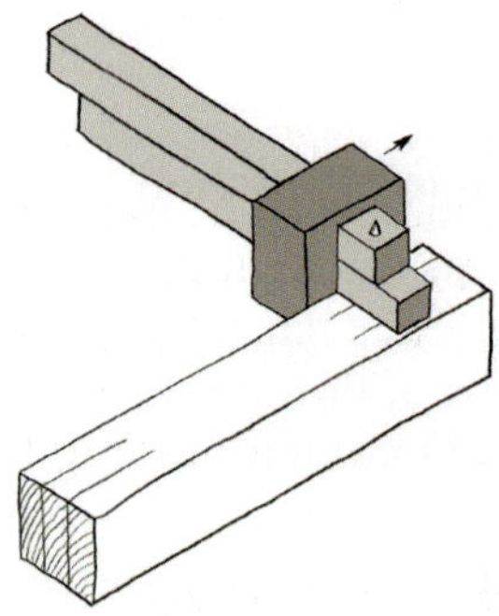

Skizzen sind in allen Sprachen verständlich und wesentlich anschaulicher als Text.

Freihandskizzen in der Architektur

Erste Entwürfe von Bauprojekten werden häufig als Skizzen angefertigt. Diese verschaffen dem Kunden ein Bild von dem Projekt, und anhand dieser Skizzen können weitere Planungsschritte besprochen werden. Sollte der Kunde mit dem Entwurf nicht einverstanden sein, hält sich der Aufwandsverlust für den Architekten in Grenzen.

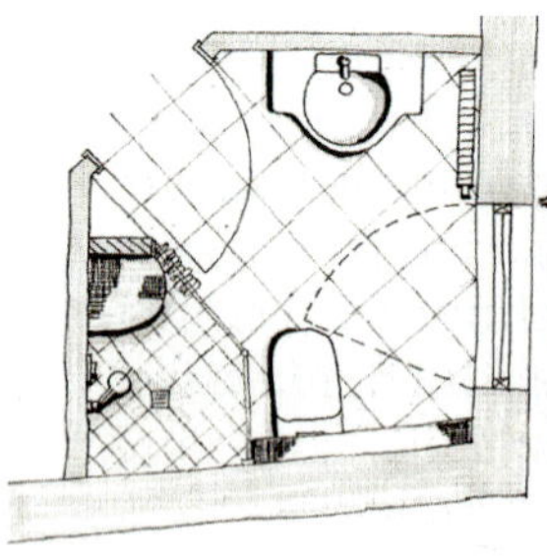

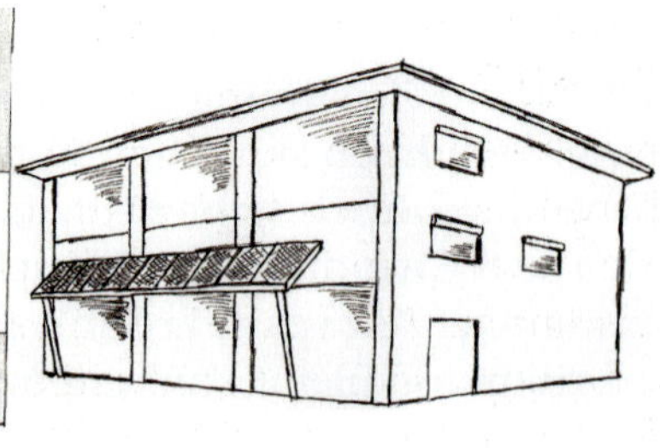

Freihandskizzen zur Problemlösung

Durch Skizzen können technische Problemstellungen veranschaulicht werden. Anhand solcher Skizzen können Lösungsmöglichkeiten entwickelt werden.

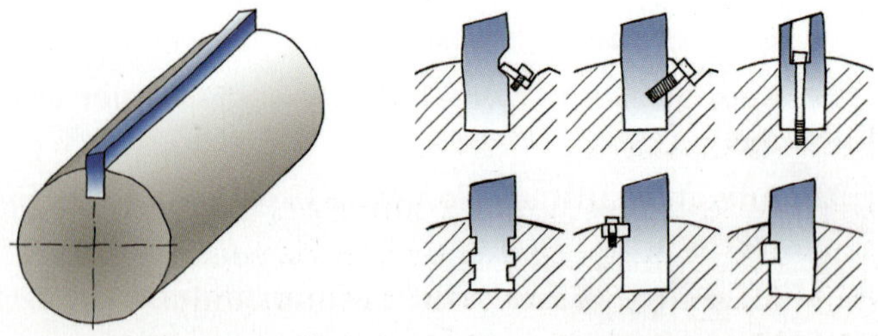

Eine Problemstellung: Auf einer drehbar gelagerten Welle, siehe die linke Abb., soll ein Messer befestigt werden. Mit Skizzen können auf sehr einfache Art Lösungsvarianten etwickelt und veranschaulicht werden. Der Aufwand ist sehr gering.

Werkzeuge zum Skizzieren

Der Bleistift – Werkzeug der Kreativen

Um Skizzen zu erstellen, reicht ein einfacher Bleistift. Diese gibt es in allen möglichen Farben und unterschiedlichen Formen: rund, dreikantig, sechskantig. Die Form allein ist nicht das wichtigste Kriterium, wobei die **Dreikantform** aus **ergonomischen** Gesichtspunkten empfehlenswert ist.

Besondere Aufmerksamkeit muss jedoch auf den **Härtegrad einer Bleistiftmine** gerichtet werden. Einen Hinweis darauf kannst du dem Aufdruck im hinteren Bereich des Bleistiftes entnehmen. Siehe hierzu Seite 10.

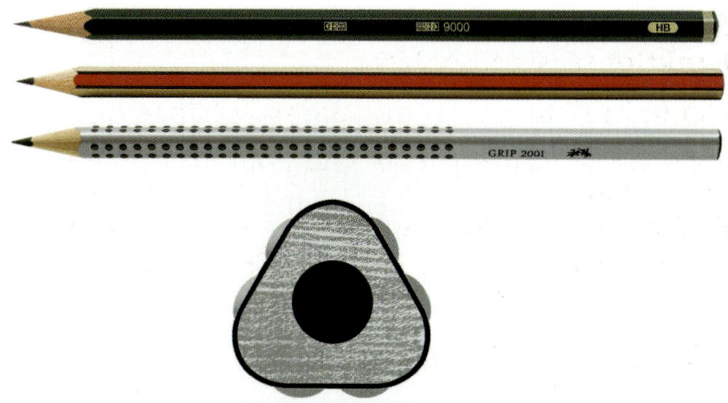

Durch die dreikantige Form liegt der Bleistift gut in der Hand des Zeichners.

Spitzwerkzeuge

Wer mit Bleistift arbeitet, muss auch regelmäßig spitzen. Dadurch bleiben Linienstärken einheitlich. Dies verbessert den Gesamteindruck einer Skizze enorm.

Eine Spitzdose ist hier klar im Vorteil, da ein mehrfaches Gehen zum Abfalleimer erspart und vor allem der Arbeitsplatz frei von Spitzabfällen bleibt. Klein und handlich dagegen ist der einfache Spitzer.

Wer mit Bleistift zeichnet, braucht einen Spitzer.

Druckminenstifte (Feinminenstifte)

Druckminenstifte, oftmals auch als Feinminenstifte bezeichnet, gibt es in verschiedenen Stärken. Sie haben den Vorteil, dass sie nicht gespitzt werden müssen.

Nachteilig kann sich aber die geringe Festigkeit besonders bei niedrigen Minenstärken auswirken. Vor allem dem ungeübten Zeichner brechen häufig die Minen. Mit der Zeit und natürlich mit viel Übung entwickelt der Zeichner jedoch das nötige Feingefühl, um bruchsicher zu skizzieren. Die Minen sowie die Minenführung können im Stift versenkt werden, um eine Beschädigung oder Verletzung beim Transport zu verhindern.

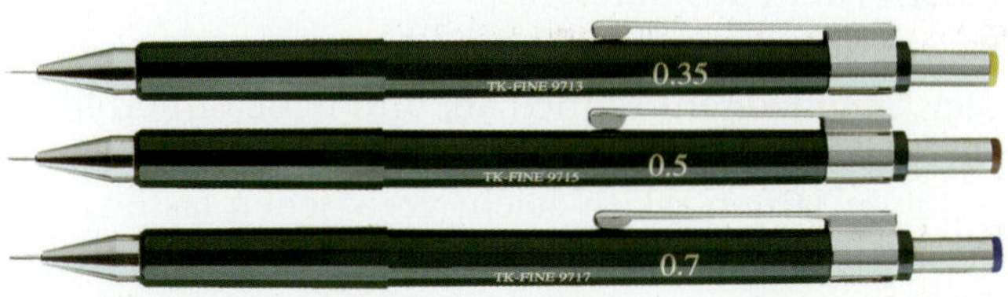

Druckminenstifte in den Stärken 0,35 mm – 0,7 mm.

Ersatzminen für Druckminenstifte

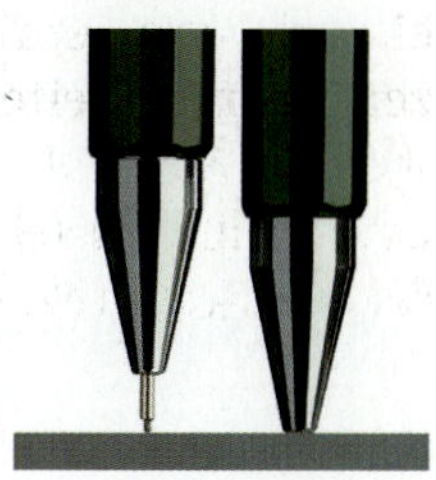
Minenführung versenkbar

Fallminenstifte

Diese Stifte besitzen eine 2 mm starke Mine. Die Minen sind in unterschiedlichen Härtegraden erhältlich. Für das Spitzen der Minen gibt es Fallminenspitzer. Die Mine des Fallminenstiftes kann schnell im Stift versenkt und bei Bedarf herausgelassen werden.

Fallminenstift mit Mine und Spitzer

Auf den richtigen Härtegrad kommt es an

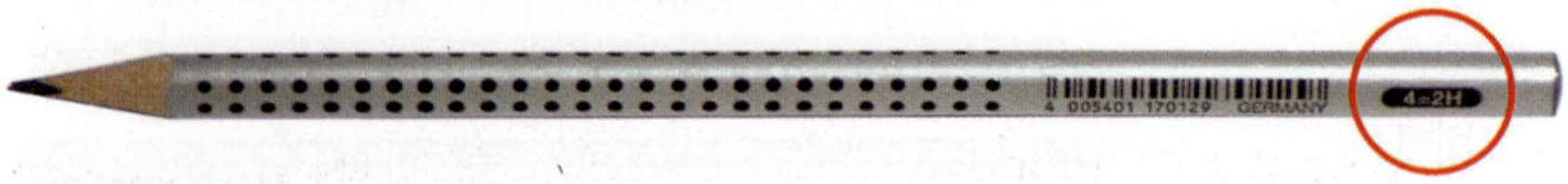

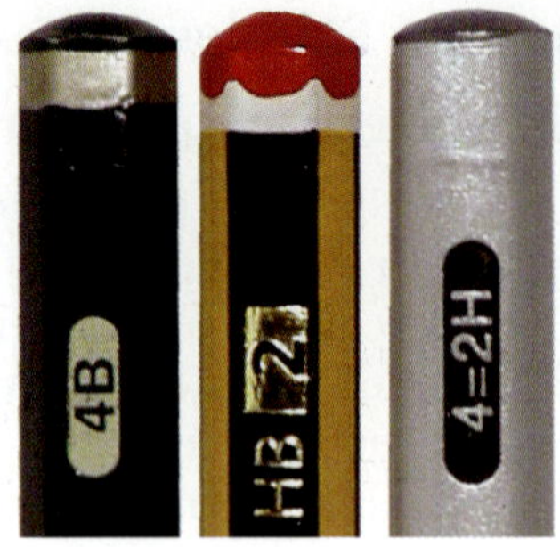

Hier sind verschiedene Bleistifte abgebildet. Früher wurden tatsächlich, wie der Name besagt, Stifte mit Bleifüllung benutzt. Dies war gesundheitlich äußerst bedenklich, da Blei ein giftiges Metall ist. Heutzutage werden die Minen aus einem Graphit-Ton-Gemisch hergestellt. Je höher der Anteil des Graphits ist, desto weicher wird die Mine. Und dies ist entscheidend für die entsprechende Bezeichnung, die im hinteren Bereich des Bleistiftes aufgedruckt wird.

Bezeichnungen auf Bleistiften und die damit verbundenen Eigenschaften

6H	5H	4H	3H	2H	H	F	HB	B	2B	3B	4B	5B	6B

Die orange gekennzeichneten Minenhärtegrade eignen sich für das Anfertigen technischer Skizzen.

Kennbuchstaben und ihre Bedeutung für den Härtegrad von Bleistiftminen:

B	(black)	= weich
H	(hard)	= hart
F	(firm)	= fest
HB	(hard-black)	= mittel

Welche Mine für das Skizzieren?

Je höher der Härtegrad einer Bleistiftmine ist, desto **geringer ist der Minenabrieb.** Ebenso nimmt die Farbintensität (Grauwert) mit der Höhe des Härtegrates ab und umgekehrt. Wird demzufolge mit einem sehr harten Bleistift skizziert, hinterlässt dieser deutliche Druckspuren im Papier. Darüber hinaus lassen sich solche vertieften Linien kaum ausradieren.

Wird mit einem sehr weichen Bleistift gearbeitet, nutzt sich die Bleistiftspitze sehr schnell ab, und feine Linien können nicht ohne permanentes Nachspitzen gezeichnet werden. Da sich Linien von weichen Minen relativ leicht verwischen lassen, entstehen oftmals Wischspuren, die einen unsauberen Gesamteindruck vermitteln.

Die goldene Mitte

Wie du der oberen Tabelle entnehmen kannst, eignen sich Bleistifte im Härtebereich von **HB** bis **2H** gut für das Erstellen von technischen Freihandskizzen.

Arbeitsaufgaben

1. Nehmt gespitzte Bleistifte mit unterschiedlichen Härtegraden und zeichnet mit gleicher Druckstärke Linien. Vergleicht die gezeichneten Linien hinsichtlich der Farbintensität, Linienstärke und der Möglichkeit des Verwischens.
2. Beschreibe, welche Bedeutung die Bezeichnungen **H, B, HB, F** auf Bleistiften bzw. Minen haben.
3. Formuliere eine Je-desto-Beziehung zu den Zahlenangaben auf „**B**“-Bleistiftminen.
4. Recherchiere, für welche spezifischen Einsatzgebiete sich Minen mit den Härtegraden **5B** bis **9B** und **5H** bis **9H** eignen.

Qualitätswerkzeuge

Vom Kauf massenhaft angebotener, billiger Skizzierwerkzeuge ist aus fachlicher Hinsicht dringend abzuraten. Durch nicht funktionstüchtige Skizzierwerkzeuge werden die Erfolgsaussichten stark geschmälert. Dies führt zu Frustration anstatt zum gewünschten Erfolg.

Grundtechniken des Skizzierens

Übung macht den Meister

Ein Fußballspieler muss, um erfolgreich zu sein, bestimmte Grundtechniken beherrschen: Ballannahme, Dribbling, zielgenaues Passen, Kopfballspiel und vieles mehr. Ähnlich dem Fußballspieler muss auch der gute Zeichner elementare (grundlegende) Techniken des Skizzierens beherrschen, damit er erfolgreich Skizzen entwerfen kann.

Ein Klebefilmabroller sollte frontal betrachtet skizziert werden.

Schüler der 2. Jgst.

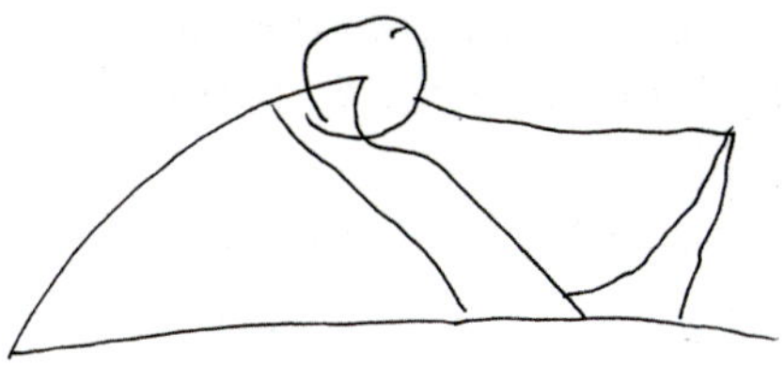

Die erste Skizze wurde von einem **Zweitklässler** erstellt. Gerade Linien erscheinen kurvenförmig – siehe Grundlinie. Radien (Kreisformen) sind sehr wackelig bzw. unrund gezeichnet. Auch die Größenverhältnisse entsprechen nur teilweise dem Modell.

Schüler der 7. Jgst.

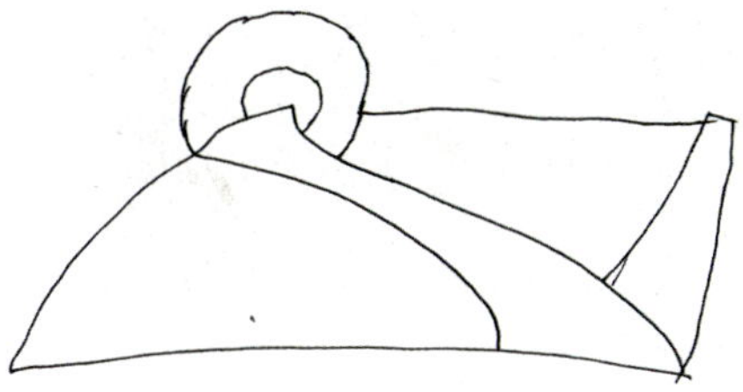

Die zweite Skizze wurde von einem **Siebtklässler** erstellt. Wir können feststellen, dass das Skizzieren von Kreisformen und geraden Linien nicht nur Kindern sondern auch den Schülern der oberen Jahrgangsstufen augenscheinlich Schwierigkeiten bereitet.

Schüler der 7. Jgst.

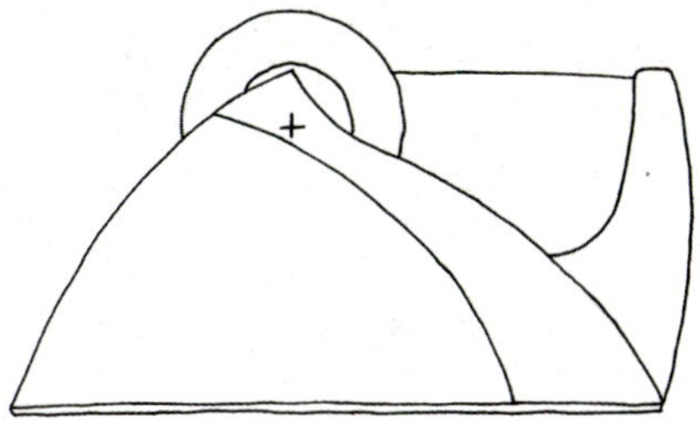

Nach intensiver Übung erstellte wiederum der Schüler der **siebten Jahrgangsstufe** diese Skizze. Der Lernzuwachs ist deutlich und der Schüler war nach einem Vorher-Nachher-Vergleich selbst überrascht, wie schnell man seine zeichnerischen Fähigkeiten entwickeln kann.

Vorbereitung „Skizzierunterlage"

Da Skizzen auf einer Unterlage wesentlich besser angefertigt werden können als auf der blanken Tischoberfläche, ist es empfehlenswert, sich eine Skizzierunterlage zu erstellen. In diese Unterlage kann das Skizzierblatt einfach eingelegt werden.

Arbeitsaufgabe

Erstelle aus Graupappe und Papierstreifen, die schräg an den Ecken angebracht und rückseitig verklebt werden, eine Skizzierunterlage.

Graupappe 220 x 310 mm

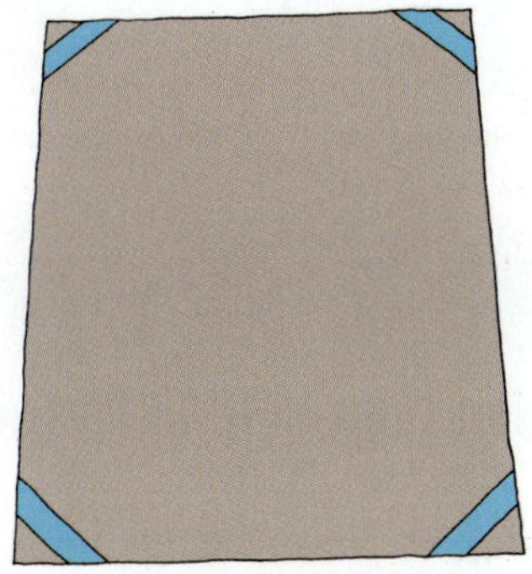

Papierstreifen werden schräg angebracht (nur rückseitig verkleben).

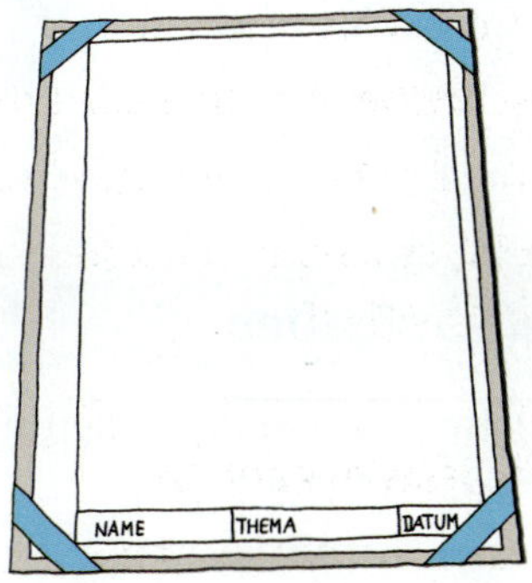

Skizzierunterlage mit eingelegtem Skizzierblatt (siehe Folgeseite)

Vorbereitung „Skizzierblatt“

Viele Leute halten eine Skizze irrtümlich für eine schnelle Schmiererei, die über kurz oder lang für den Abfall bestimmt ist. Wir aber wissen um die Bedeutung guter Skizzen. Deshalb wollen wir unsere Skizzenblätter mit Rahmenlinien und einem einfachen Schriftfeld versehen. Für das Erstellen unserer Skizzen reicht ein reinweißes gewöhnliches Druckerpapier mit einem Gewicht von 80 g/m² vollkommen aus. Die Verwendung von solchem Papier ist eine kostengünstige Variante im Vergleich zu vorgedrucktem Zeichenkarton.

Nicht erforderlich – ein vorgedruckter Zeichenkarton

Rahmenlinien und Schriftfeld

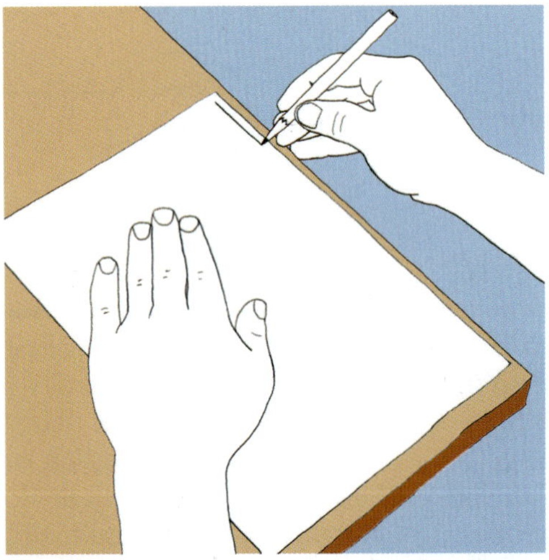

Lege ein Blatt parallel zu einer Tischkante an. Sie ermöglicht eine exakte Führung der Zeichenhand. Zeichne die erste senkrechte Rahmenlinie ein.

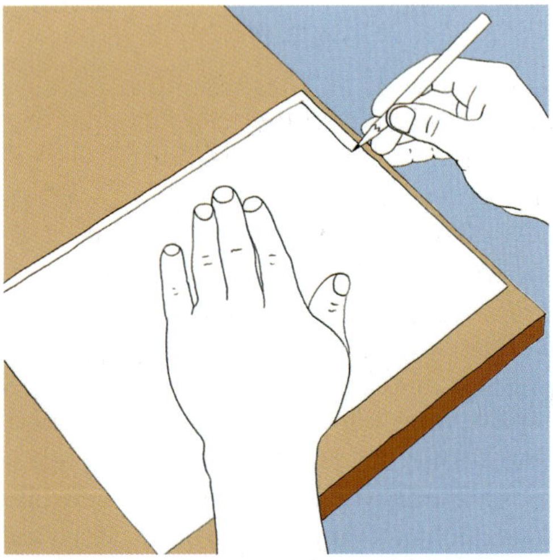

Für waagrechte Rahmenlinien drehst du einfach das Skizzierblatt um 90°.

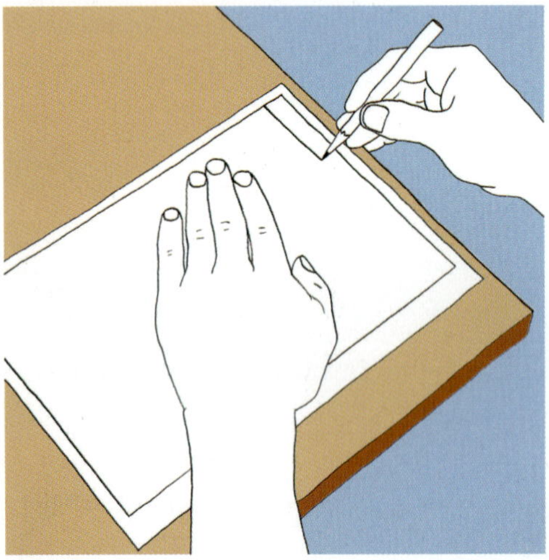

Ist der Rahmen fertig, zeichnest du die Oberlinie des Schriftfeldes ein.

Im dreigeteilten Schriftfeld ist Platz für **Name, Thema und Datum.**

Arbeitsaufgaben

1. Zeichne, wie in der Anleitung dargestellt, Rahmenlinien und Schriftfeld. Fülle das Schriftfeld mit folgenden Angaben aus:
   Name, Vorname **Übung Rahmenlinien 1** **aktuelles Datum**
2. Wiederhole die Übung solange, bis du ein zufriedenstellendes Ergebnis erhältst.

Zeichnen von kurzen senkrechten Linien

Senkrechte Linien (bis max. 40 mm) werden durch Beugen der Finger und einer kleinen Drehbewegung des Handgelenks gezeichnet. Der Unterarm bewegt sich dabei nicht. Die Linie verläuft zum Körper hin. Der Stift ragt dabei ca. 35 – 50 mm aus der Hand.

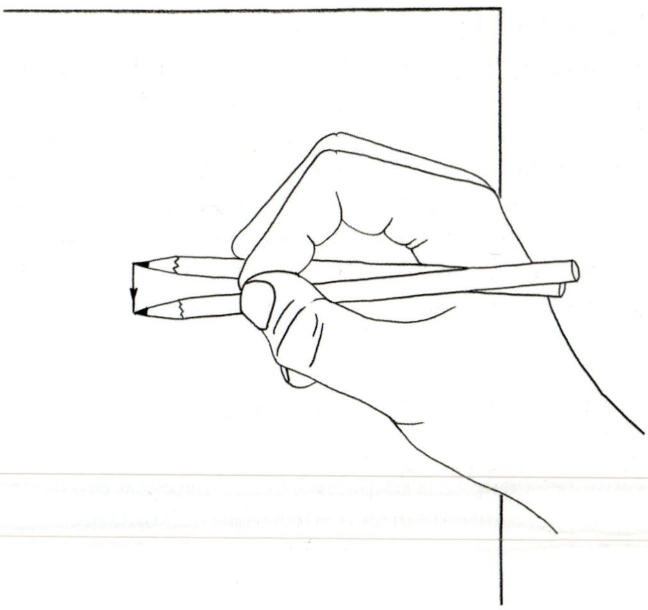

Zeichnen von kurzen waagrechten Linien

Waagrechte Linien (bis max. 40 mm) werden durch eine leichte Drehbewegung des Handgelenks gezeichnet. Durch das Strecken der Finger kann das Entstehen eines Bogens ausgeglichen werden. Die Linie verläuft von links nach rechts. Der Stift ragt dabei ca. 45 – 60 mm aus der Hand.

Je nach Belieben kann für das Zeichnen von waagrechten Linien das Skizzierblatt auch leicht gedreht werden.

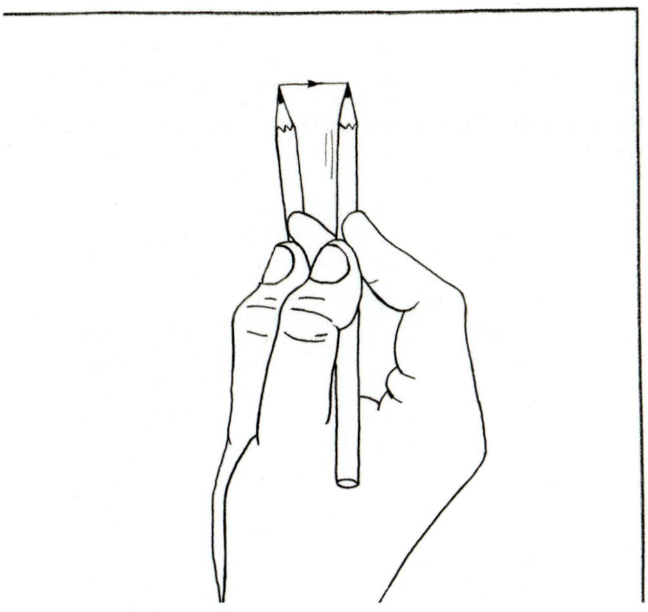

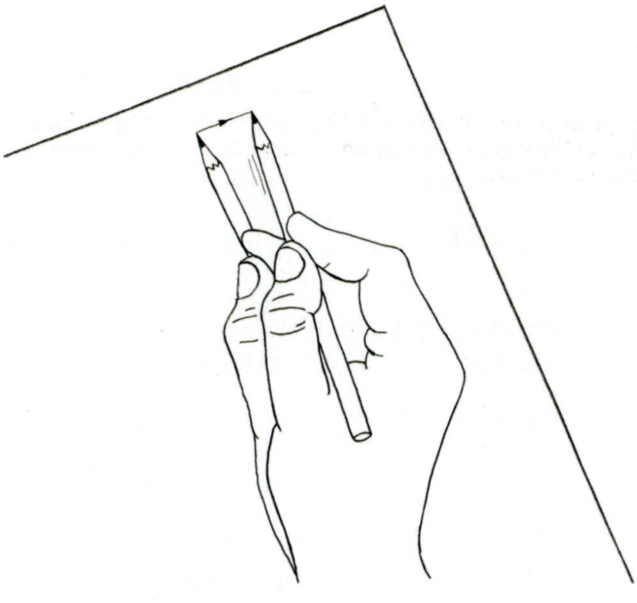

Bevor es los geht

Zeichne die Übungen der folgenden Seiten auf **weißem Papier mit Rahmenlinien und einfachem Schriftfeld.**

Achte auf ausreichend Bewegungsfreiheit – also „Platz schaffen“ am Arbeitsplatz.

Übung 1

Zeichne kurze ca. 25 mm lange senkrechte Linien mit gleichmäßigem Anpressdruck. Ziehe die Linien mit mäßiger Geschwindigkeit und achte auf Parallelität der Linien.

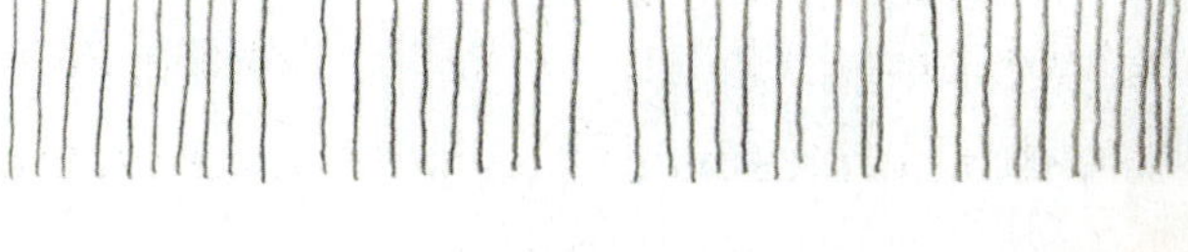

Übung 2

Zeichne waagrechte ca. 25 mm lange Linien und achte auch bei dieser Übung auf gleichmäßigen Anpressdruck und Parallelität der Linien.

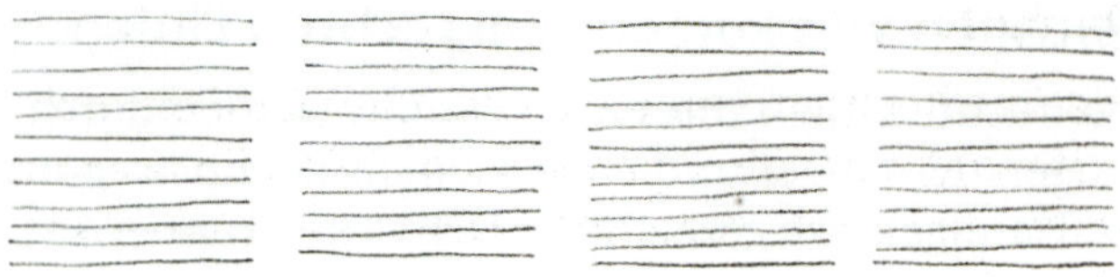

Übung 3

Diese Übung soll dir helfen, ein Gefühl für unterschiedliche **Druckstärken** zu entwickeln. Erfahrungsgemäß neigen Anfänger dazu, Linien mit zu viel Anpressdruck zu zeichnen. Beginne mit ganz dünnen und kaum sichtbaren Linien und steigere Linie für Linie den Anpressdruck. Sollte die Mine abbrechen, musst du den Anpressdruck entsprechend anpassen.

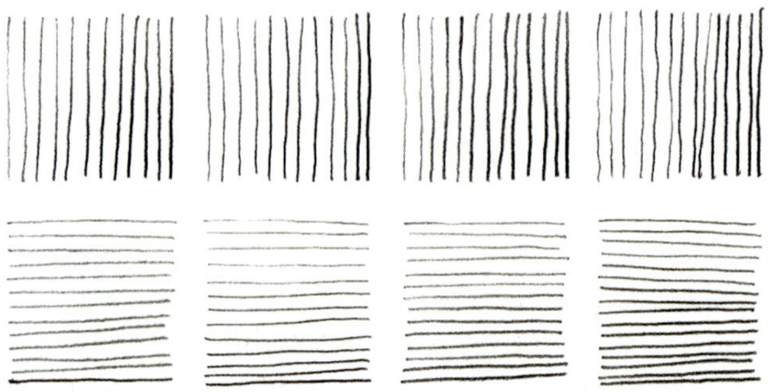

Übung 4

Zeichne abwechselnd senk- und waagrechte Linien mit steigender Druckstärke.

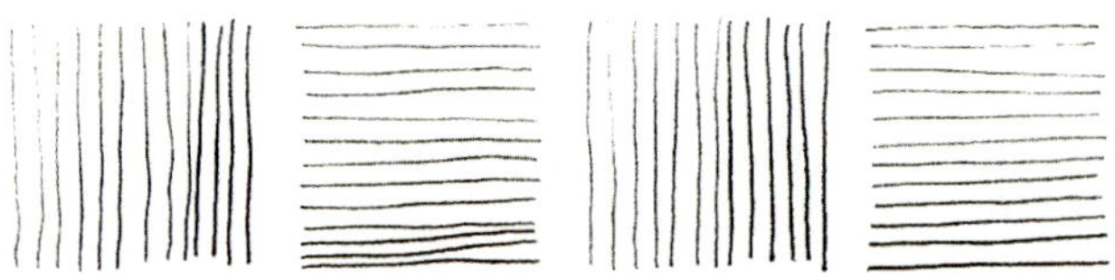

Varianten

Diese Übungen kannst du beliebig variieren. Entwirf mit kurzen senk- und waagrechten Linien und unter Einsatz unterschiedlicher Druckstärken ein Linienbild.

Durch die unterschiedlichen Druckstärken erhält dein Linienbild eine Plastizität (räumliche Wirkung).

Kleine Rechtecke und Quadrate

Um kleine Rechtecke und Quadrate zu skizzieren, empfielt es sich, die beschriebene Strichfolge einzuhalten. Erst zeichnest du ein senkrechtes Parallelenpaar, danach das waagrechte. Halte die vorgegebene Reihenfolge – siehe Nummerierung – ein.

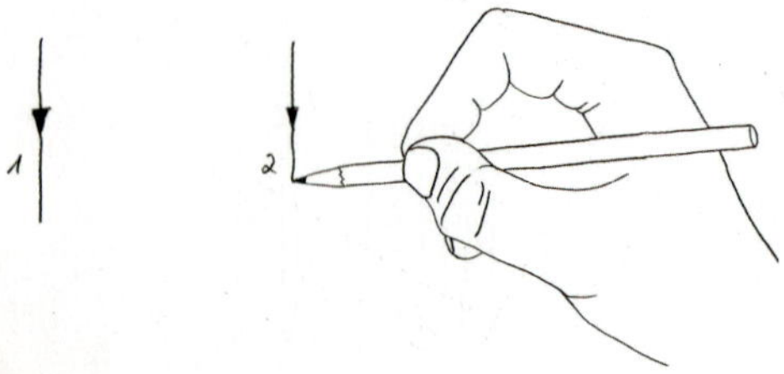

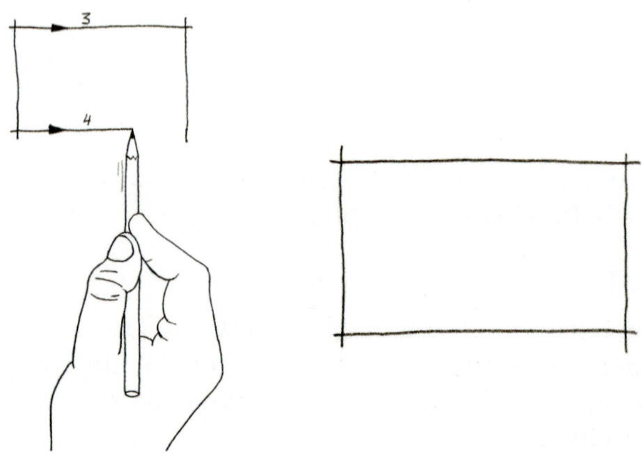

Übung 1

Skizziere Rechtecke unterschiedlicher Größen. Die Breite und auch die Höhe sollten ein Maß von 40 mm nicht überschreiten. Achte auf die Parallelität der Linien.

Verteile die Rechtecke auf dem Skizzierblatt und ordne sie so an, dass die einzelnen Rechtecke nicht parallel zueinander liegen.

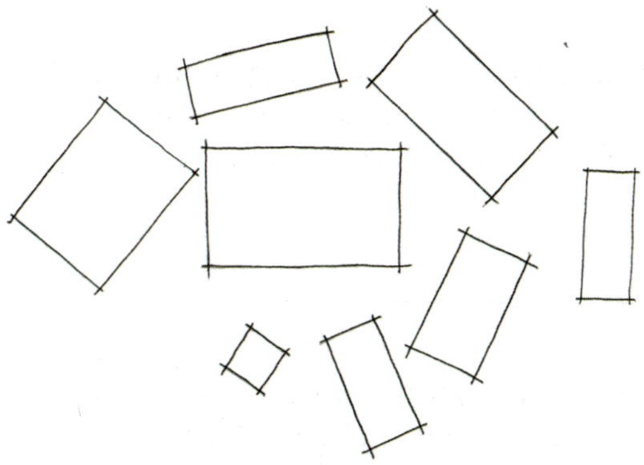

Übung 2

Skizziere Quadrate unterschiedlicher Größe mit einer maximalen Seitenlänge von 40 mm.

Verteile die Quadrate auf dem Skizzierblatt und ordne sie so an, dass deren Kanten nicht parallel zueinander liegen.

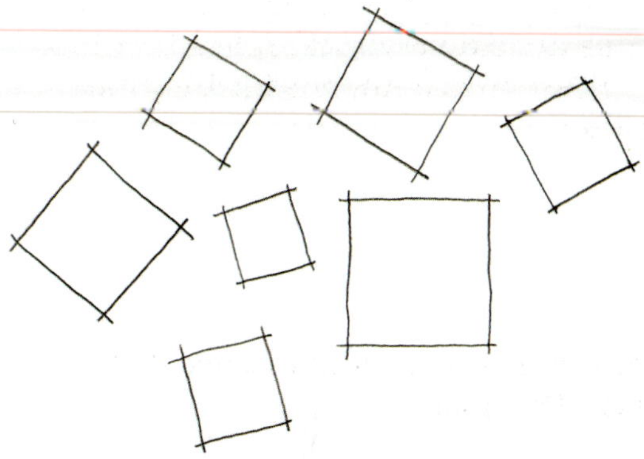

Übung 3

Diese Übung soll dir helfen, Linienlängen richtig einschätzen zu lernen.

Skizziere Rechtecke und Quadrate (maximale Linienlänge 40 mm) auf ein Blatt. Die gewünschte Breite und Höhe notierst du vorher über der entstehenden Form.

Stelle, nachdem du die Form skizziert hast, die tatsächlichen Maße mit dem Lineal fest und notiere diese unter der Form.

Addiere die jeweiligen Differenzwerte, und du erhältst einen Abweichungswert (A). Trage diesen Wert in die Form ein.

Ist dieser Wert größer als 8, muss die Form nochmals skizziert werden.

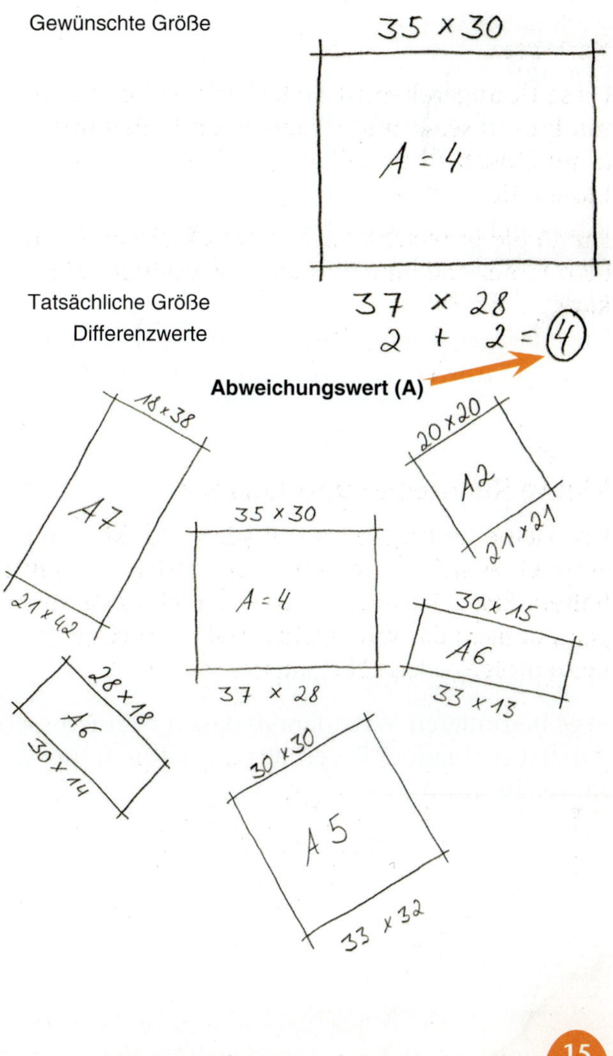

Lange gerade Linien

Stifthaltung und -führung beim Ziehen von langen geraden Linien

Beim Zeichnen von langen Linien ragt der Stift ca. 50 mm aus der Hand. Der kleine Finger und die Handkante liegen großflächig auf dem Papier auf. In der rechten Abbildung wurde die Auflagefläche rot markiert.

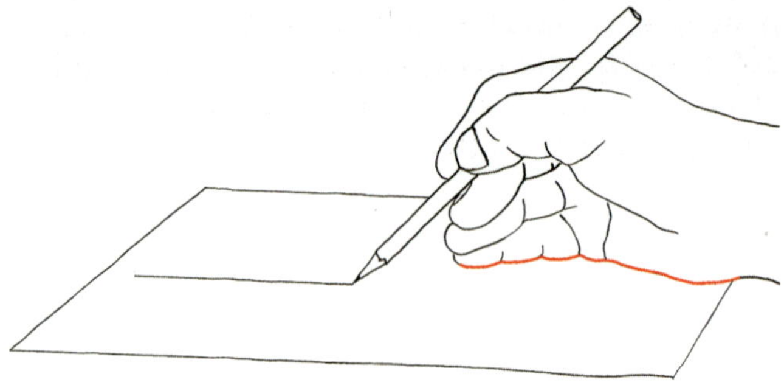

Mit leichtem gleichmäßigen Druck werden die Linien in Richtung Körper gezogen. Die Handkante und der kleine Finger gleiten mit leichtem Anpressdruck über das Papier.

Beim Ziehen der Linie bleiben die Hand und der Unterarm nahezu starr. Die erforderliche Bewegung führt der Oberarm aus.

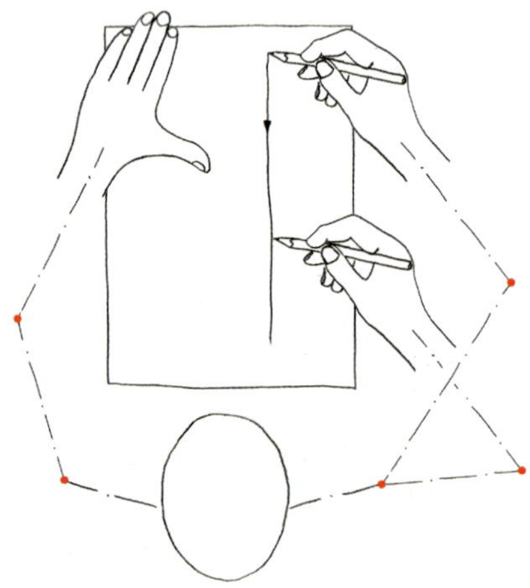

Übung 1

Zeichne lange, möglichst gerade Linien im Abstand von ca. 20 mm.

Überprüfe mit dem Lineal jede Linie hinsichtlich ihrer Geradheit. Den Abweichungswert (A) kannst du wie im Beispiel ermitteln. Notiere den Wert neben der Linie.

Nach einiger Übung wird es dir möglich sein, Linien mit einer Abweichung von nur 1 mm zu zeichnen.

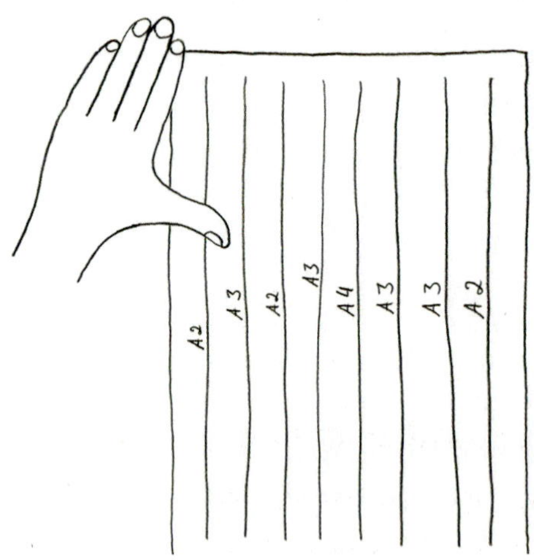

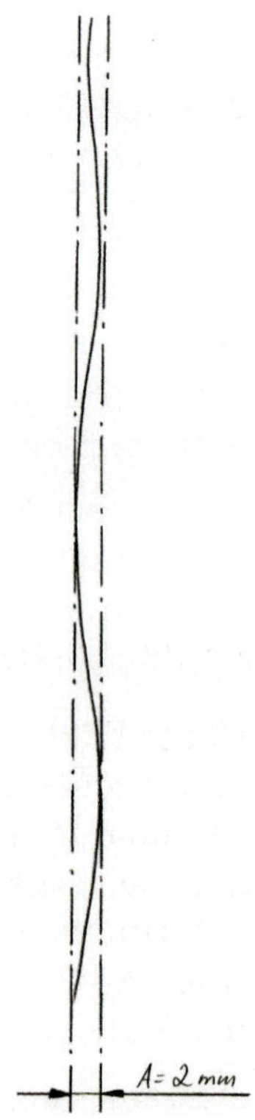

Übung 2

Drehe für diese Übung das Blatt leicht. Zeichne wieder lange senkrechte Linien.

Lege besonderen Wert darauf, dass die Linien nicht parallel zueinander liegen. Bestimme auch hier den Abweichungswert.

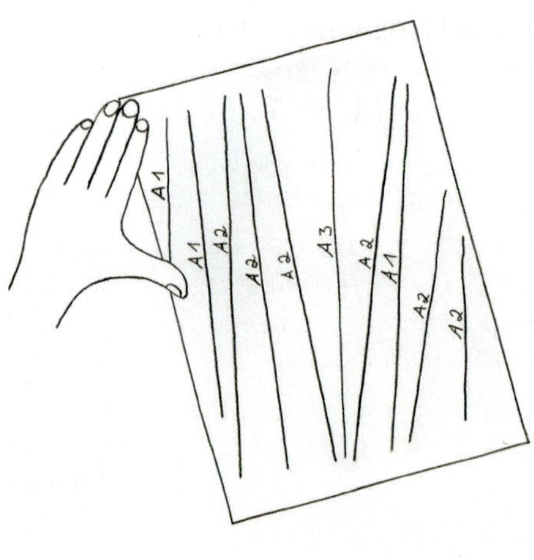

Übung 3

Für lange waagrechte Linien ist es am besten, wenn das Skizzierblatt um 90° gedreht wird. Nimm das Papier im Querformat und zeichne wie in Übung 1 lange parallele Linien.

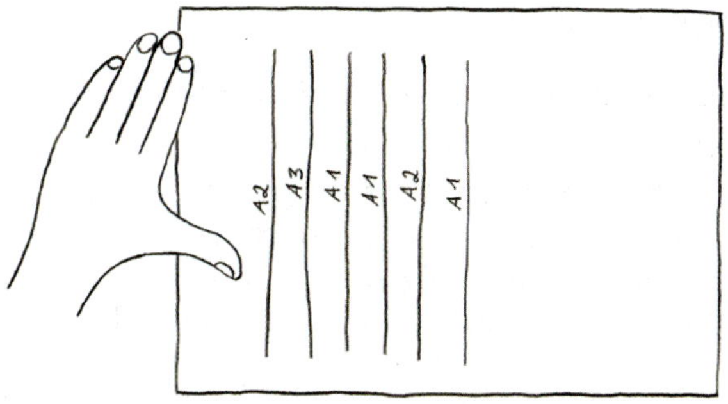

Übung 4

Skizziere große Rechtecke und Quadrate und ordne sie so auf dem Skizzierblatt an, dass die Körperkanten nicht parallel zueinander liegen.

Halte dich beim Skizzieren an die gegebene Reihenfolge:

A) Senkrechtes Parallelenpaar zeichnen und Blatt um 90° drehen.

B) Zweites senkrechtes Parallelenpaar zeichnen.

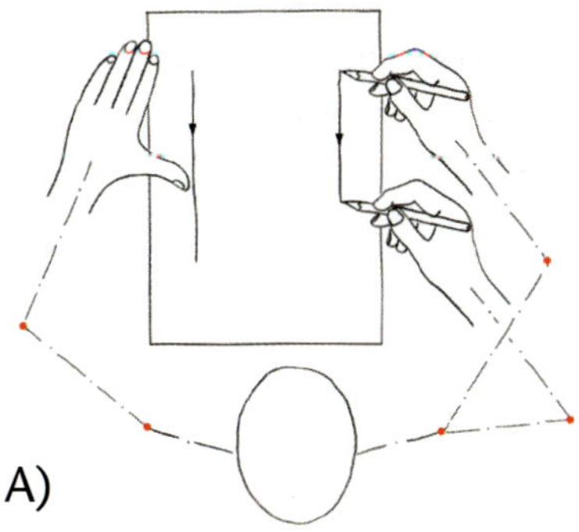
A)

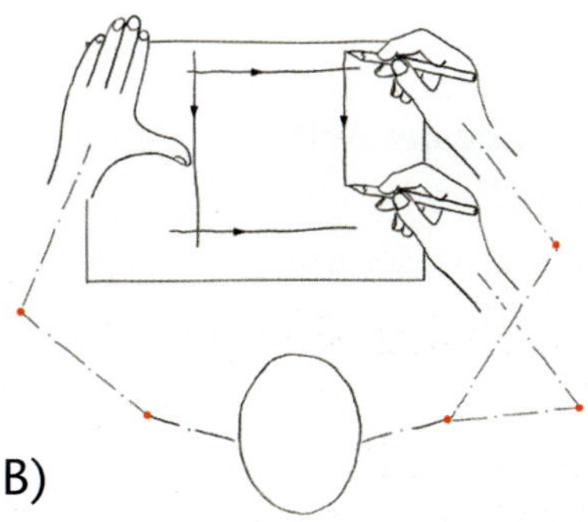
B)

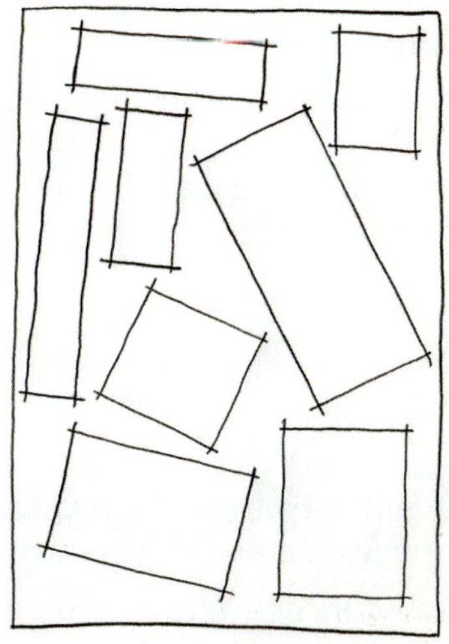

Winkel schätzen und zeichnen

In der Skizze ist ein Quader dargestellt. Waagrechte und senkrechte Linien reichen dafür vollständig aus. Man kann aber bei dieser Art der Darstellung nicht auf Anhieb erkennen, dass es sich um einen Körper und nicht um eine Fläche handelt.

Durch schräg verlaufende Linien wird eine räumliche Wirkung vorgetäuscht. Durch diese entstandene Tiefenwirkung kann man die Skizze eindeutig als Quader identifizieren.

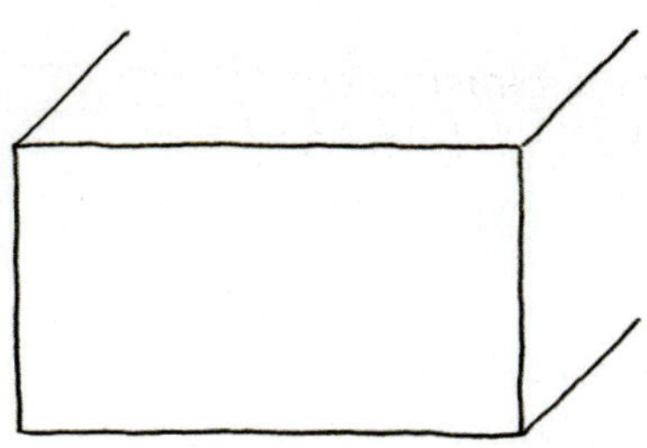

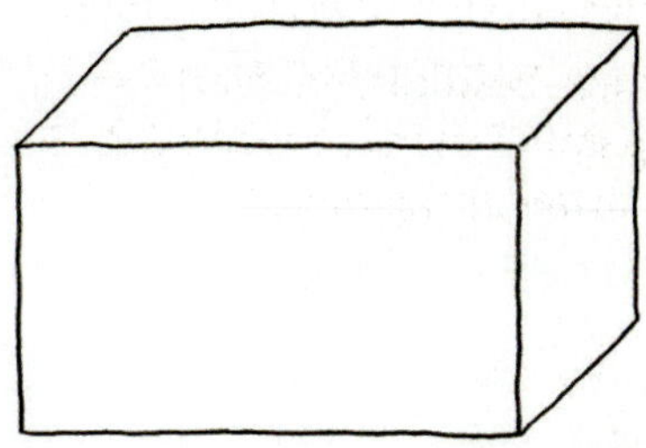

Um eine möglichst gute räumliche Wirkung zu erzielen, muss man das Zeichnen von Winkeln beherrschen. Die folgenden Übungen sollen dir helfen, zeichnerische Fähigkeiten im Hinblick auf das Zeichnen von Winkeln zu entwickeln.

Übung 1

Skizziere kleine Rechtecke und Quadrate – Kantenlänge max. 40 mm. Achte wieder darauf, dass die Körperkanten nicht parallel zueinander liegen. Zeichne Diagonalen ein, die genau in den Ecken der Formen enden.

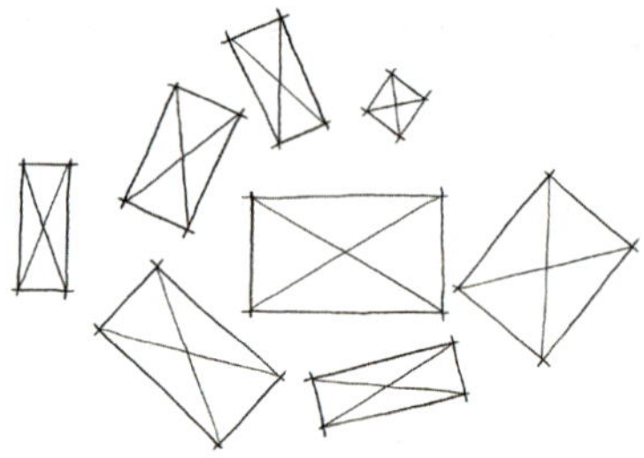

Übung 2

Zeichne in die Mitte deines Skizzierblattes ein rechtwinkliges Achsenkreuz ein. Jeder Schenkel sollte eine Länge von ca. 80 mm haben.

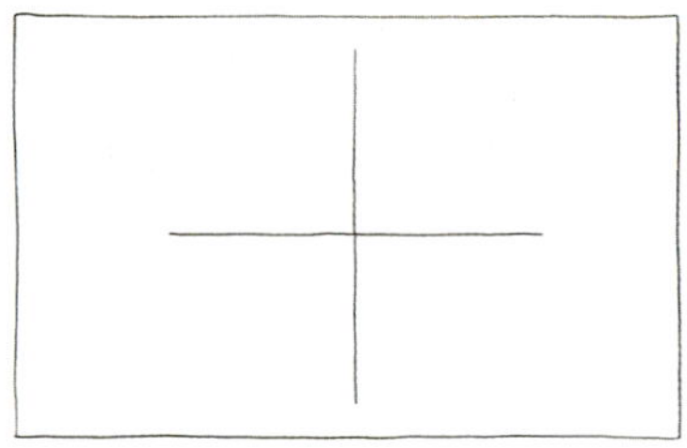

Zeichne in den ersten Quadranten eine Linie ein, die mit der waagrecht verlaufenden Linie des Achsenkreuzes einen Winkel von 45° bildet.

Überprüfe den Winkel mit dem Winkelmesser und schreibe den Abweichungswert hinter die Gradangabe – siehe die rechte Abbildung.

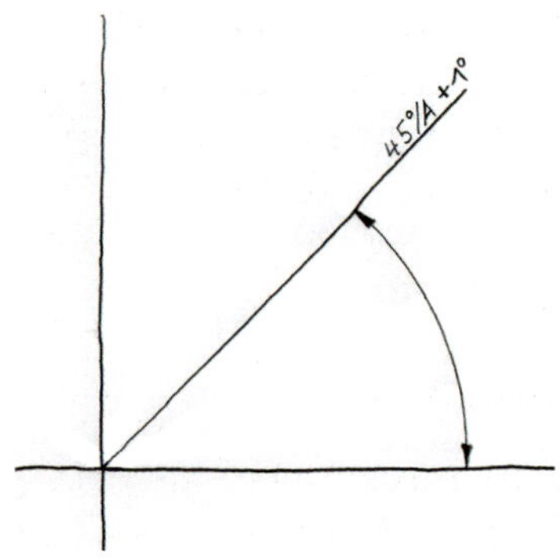

Zeichne in der angegebenen Reihenfolge die folgenden Winkel ein:

1. 45°
2. 30°
3. 7°
4. 60°

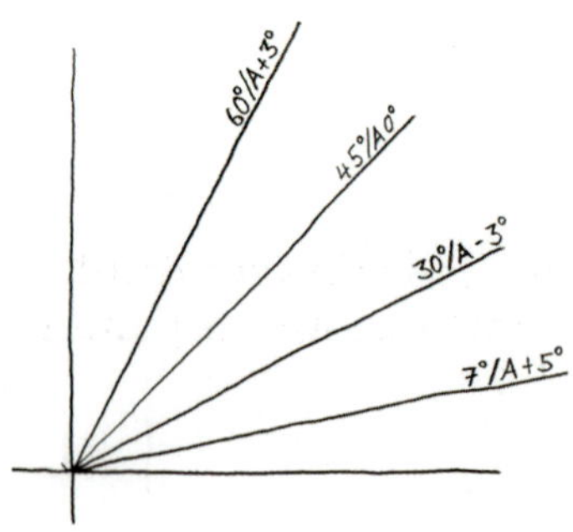

Wenn alle Winkel eingezeichnet sind, wird das Blatt um 90° gedreht und die Übung in den folgenden Quadranten wiederholt.

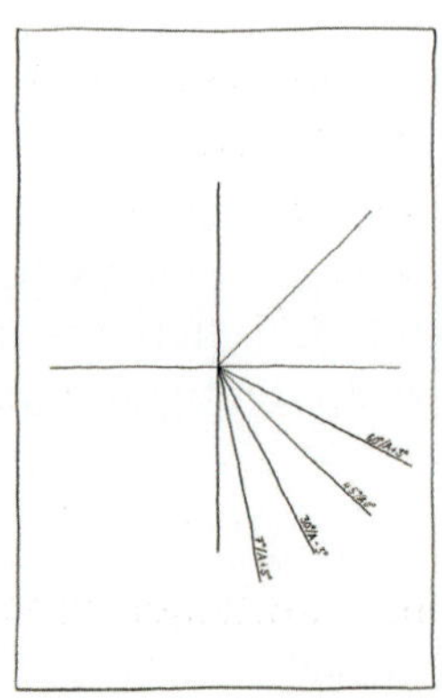

Arbeitsaufgabe

Versuche, dich von Quadrant zu Quadrant zu steigern. Schaffst du einen Abweichungswert von 0°?

Kreisformen

Bohrungen, Abrundungen und Einrundungen (Ausrundungen) sind sehr häufig anzutreffende kreisförmige Veränderungen in technischen Gegenständen. Daher müssen wir uns auch intensiv mit dem Skizzieren von Kreisen und Kreisbögen auseinandersetzen.

Kreisförmige Veränderungen an einer Lagerhalterung

Begrifflichkeiten rund um den Kreis

Bevor wir beginnen, Kreise und Kreisbögen zu skizzieren, müssen wir die folgenden Begriffe kennen.

Mittelpunkt (M)

Vom Mittelpunkt, oft auch als Zentrum bezeichnet, haben alle Punkte der Kreislinie den gleichen Abstand. Er ist der Einstichpunkt, wenn wir Kreise mit dem Zirkel zeichnen.

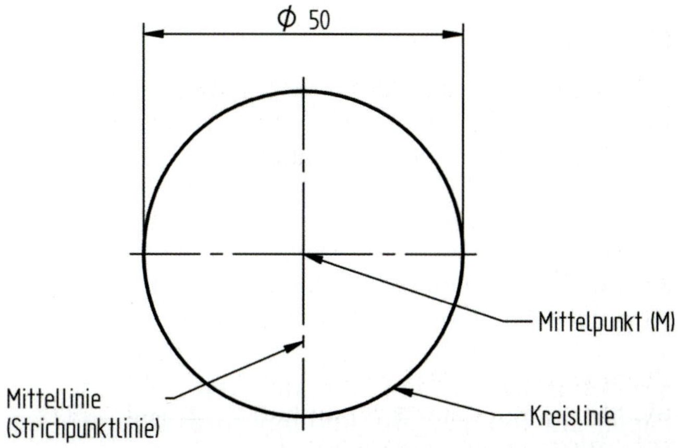

Durchmesser (Ø)

Das ist der Abstand zwischen den Schnittpunkten eines Kreises mit einer Geraden, die dessen Mittelpunkt schneidet. Anstelle des Wortes Durchmesser wird in der Technik das Symbol Ø verwendet.

Mittellinien

Mittellinien schneiden sich im Mittelpunkt des Kreises. Sie werden als schmale Strichpunktlinie stets bei Kreisen und Radien eingezeichnet. Sie ragen 2 mm über das Objekt hinaus.

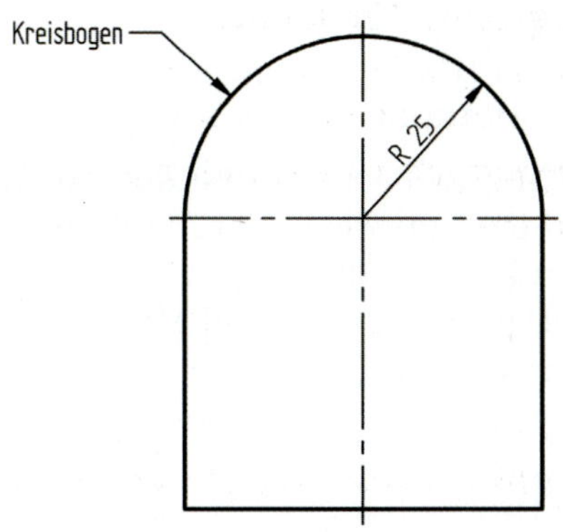

Radius (R)

Das ist die Strecke vom Mittelpunkt bis zur Kreislinie. Der Radius wird in technischen Angaben mit **R** angegeben.

Kreisbogen

Ein unvollständiger Kreis wird als Kreisbogen bezeichnet. Techniker bezeichnen Kreisformen allgemein als **Radien.**

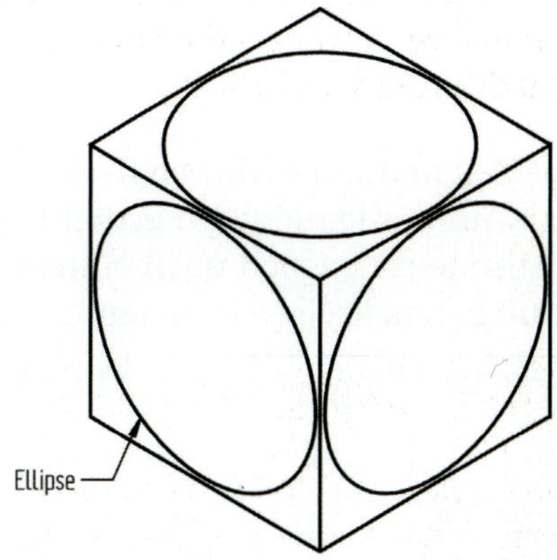

Ellipsen

Kreise erscheinen in räumlichen Projektionen als Ellipsen.

Skizzieren von Kreisformen

Im Vergleich zu Linien sind Kreisformen etwas schwieriger zu skizzieren. Ein ungleichmäßiger Kreis oder Kreisbogen kann den Gesamteindruck einer technischen Skizze entscheidend verschlechtern. Das führt vor allem unter Anfängern zur Frustration. Um dem entgegenwirken zu können, müssen wir uns Skizziertechniken aneignen, mit deren Hilfe wir so schnell und so präzise wie möglich Kreise und Radien erstellen können.

Festlegen des Kreismittelpunktes

Bevor wir den einen Kreis bzw. Kreisbogen skizzieren, legen wir den Mittelpunkt mit einem Mittellinienkreuz fest.

Mit einem Mittellinienkreuz wird der Kreismittelpunkt festgelegt.

Skizzieren von kleinen Radien mit der Stäbchen-Methode (10 bis 50 mm)

Vielleicht hast du schon einmal probiert, nach chinesischer Sitte mit Stäbchen zu essen. In ähnlicher Weise hältst du beim Skizzieren von kleinen Radien zwei Bleistifte in einer Hand. Eine Bleistiftspitze wird dabei wie eine Zirkelspitze im Kreismittelpunkt angedrückt. Die zweite Minenspitze liegt mit wenig Druck auf der Zeichenfläche auf. Nun wird das Papier um 360° gedreht, und mit etwas Übung erhältst du einen exakten Kreis.

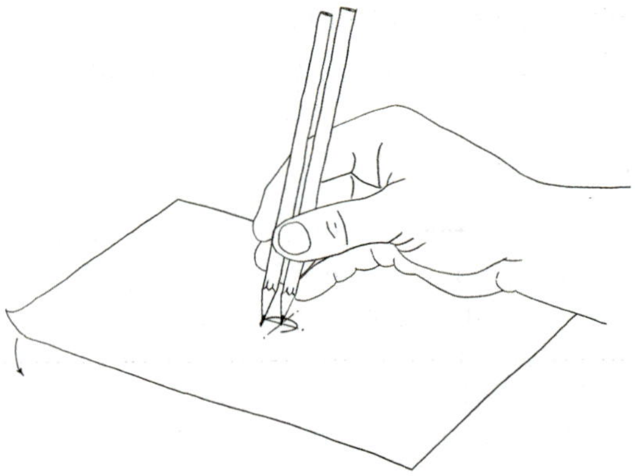

Mit der Stäbchen-Methode lassen sich Kreise mit einem Durchmesser von 10 bis 50 mm exakt skizzieren.

Skizzieren von mittleren und großen Radien mit der Zirkel-Stift-Methode (50 bis 300 mm)

Auch für diese Methode verwendest du zwei Stifte. Den ersten Stift legst du wie in der Abbildung dargestellt in die Hand. Wenn du nun die Hand schließt, kannst du mit Daumen, Zeige- und Mittelfinger einen zweiten Stift fassen.

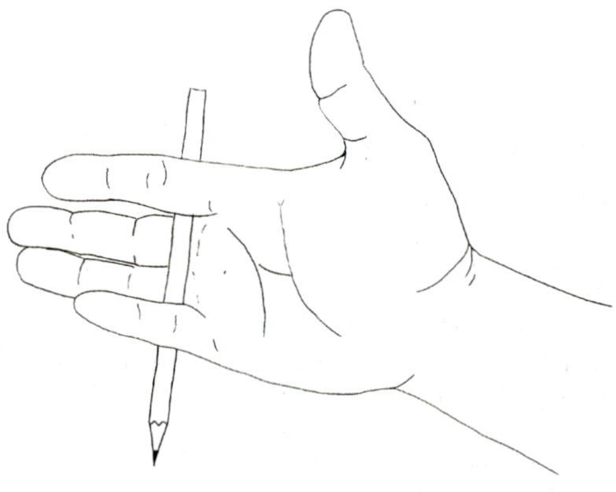

Die Zeichenhand wird beim Skizzieren starr gehalten, nur das Papier wird gedreht. Mit dieser Methode lassen sich nach einiger Übungszeit abweichungsfreie Kreise skizzieren.

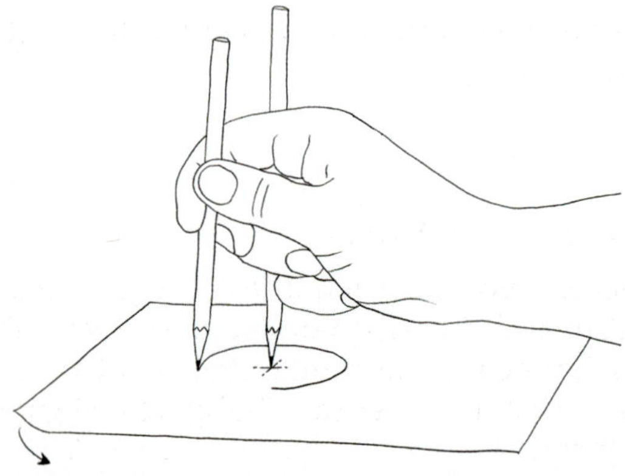

Die Zirkel-Stift-Methode: Mit etwas Übung gelingen Radien, die von einer echten Zirkelkonstruktion nicht zu unterscheiden sind.

Mit der **Zirkel-Stift-Methode** lassen sich problemlos große Kreise und Kreisbögen mit einem Radius von bis zu 150 mm skizzieren. Der zeichnende Stift wird für große Radien einfach weiter abgespreizt.

Je größer die Radien werden sollen, desto wichtiger ist es, die Hand starr fixiert zu halten und den Radius beim Skizzieren des Kreises nicht zu verändern.

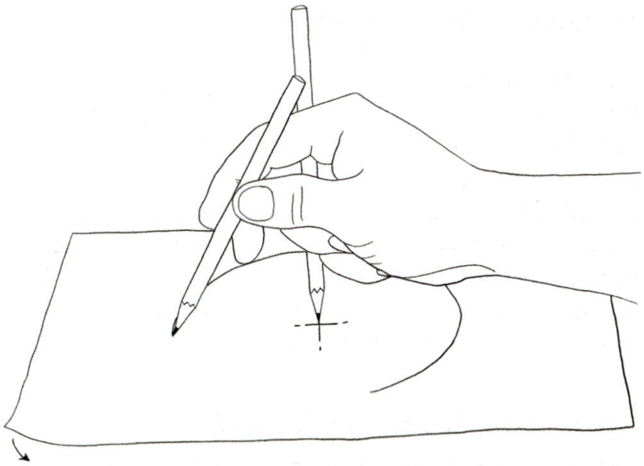

Mit der Zirkel-Stift-Methode gelingen selbst große Radien.

Die Finger-Zirkel-Methode

Mittlere und große Kreise/Kreisbögen mit einem Radius von 20 bis 100 mm lassen sich auch relativ gut mit der Finger-Zirkel-Methode skizzieren. Dazu wird der Mittelfinger wie eine Zirkelspitze benutzt. Die Hand wird starr gehalten, und zum Skizzieren der Radien wird auch hier wieder lediglich das Skizzierblatt gedreht. Diese Methode hat den Nachteil, dass durch die breitere Auflagefläche des Fingers die Gefahr des „Verlaufens" etwas größer ist als bei der Zirkel-Stift-Methode.

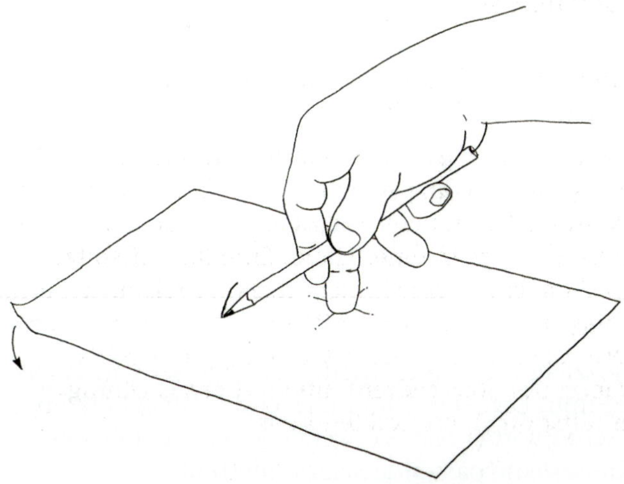

Wird der Druckpunkt auf den Fingernagel des Mittelfingers verlagert, kann die Gefahr des „Verlaufens" verringert werden.

Die Daumen-Zirkel-Methode

Auch mit dieser Methode lassen sich Kreise/Kreisbögen mit einem Radius von 20 bis 90 mm skizzieren. Der Daumennagel fungiert als Zirkelspitze. Wie schon bei den vorhergehenden Methoden wird der Zeichenarm starr gehalten, und lediglich das Skizzierblatt wird gedreht.

Um ein „Verlaufen" zu verhindern, sollte die Auflagefläche des Daumennagels möglichst klein sein. Dies gelingt am besten, wenn der Daumennagel „kantig" aufliegt.

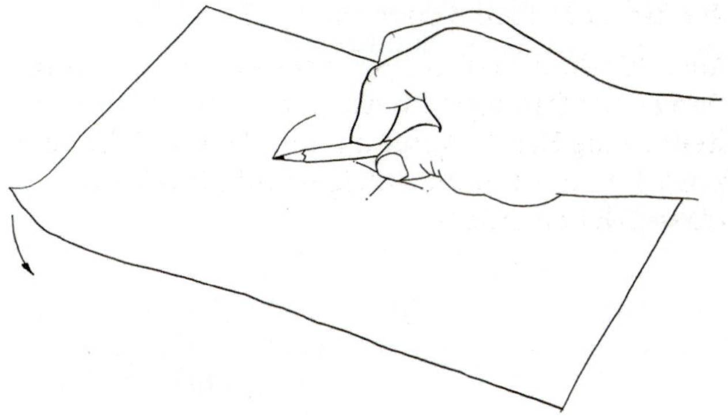

Je kleiner die Auflagefläche des Daumennagels ist, desto geringer ist die Gefahr des „Verlaufens".

Kleine Freihand-Radien

Da kleine Kreise aufgrund ihrer geringen Größe nicht auffallend in den Vordergrund einer Skizze treten, können sie freihand erstellt werden. Auch hier erreichst du mit etwas Übung schnell gute Ergebnisse.

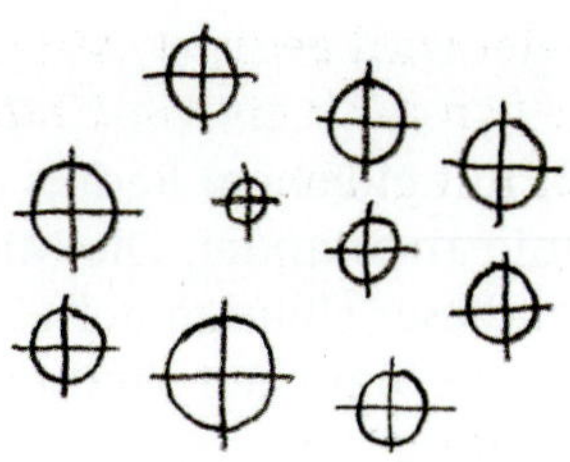

Freihand erstellte Radien

Übung 1: „Kleine konzentrische Kreise"

Skizziere mit der Stäbchen-Methode konzentrische Kreise mit einem Durchmesser von 8 bis 50 mm. Versuche, gleiche Abstände zwischen den einzelnen Kreisbögen zu erhalten. Wiederhole die Übung so lange, bis dir die Kreise sicher gelingen. Lege ein Blatt Papier zusätzlich unter dein Skizzierblatt. Dies erleichtert das Drehen des Skizzierblattes.

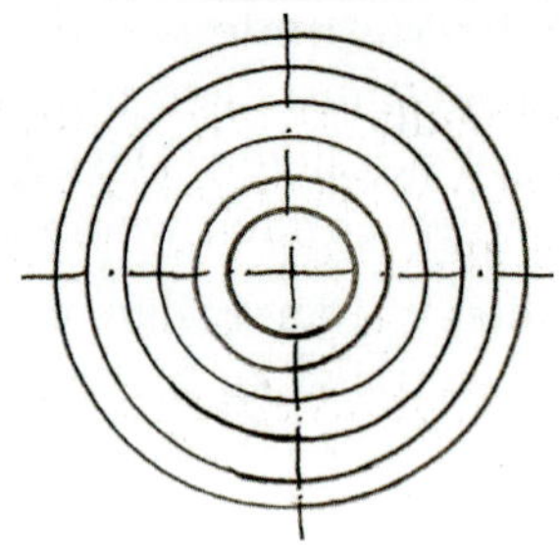

Übung 2: „Große konzentrische Kreise"

Skizziere konzentrische Kreise mit einem Durchmesser von 50 bis 200 mm. Wende für diese Übung die Zirkelstift-Methode, Finger-Zirkel-Methode und die Daumen-Zirkel-Methode an. Lege auch bei dieser Übung ein zusätzliches Blatt unter dein Skizzierblatt.

Wiederhole die Übungen so lange, bis du einigermaßen Sicherheit in diesen Skizziermethoden erlangt hast. Vergleiche abschließend die Ergebnisse der unterschiedlichen Methoden untereinander.

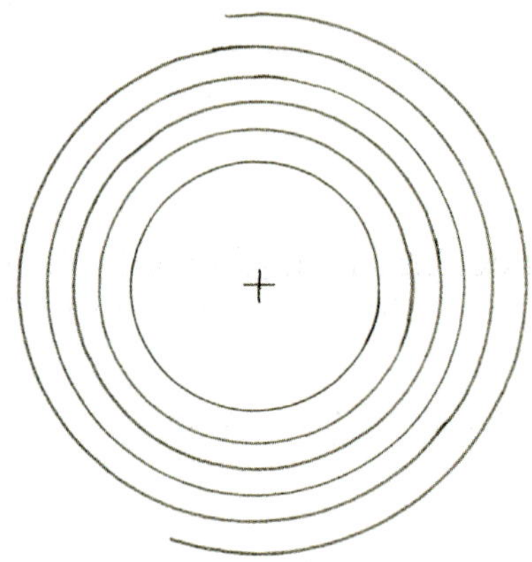

Übung 3

Skizziere Kreise mit einem Durchmesser von 10 bis 60 mm. Lege den Durchmesser des entstehenden Kreises vorher fest. Verwende je nach Größe des Kreises eine passende Skizziermethode.

Ermittle nach dem Skizzieren den tatsächlichen Durchmesser bzw. die Abweichung (A) in Millimetern. Schreibe den angedachten Wert und die Höhe der Abweichung auf den Kreisbogen.

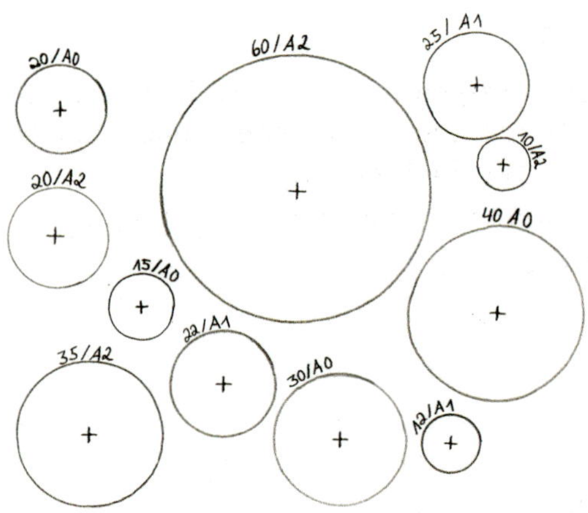

Übung 4

Reihe auf einer waagrechten Linie Kreise mit Durchmessern von 10 bis 50 mm aneinander. Der jeweilige Mittelpunkt wird nach dem Skizzieren des Kreises markiert. Verwende die Stäbchen-Methode.

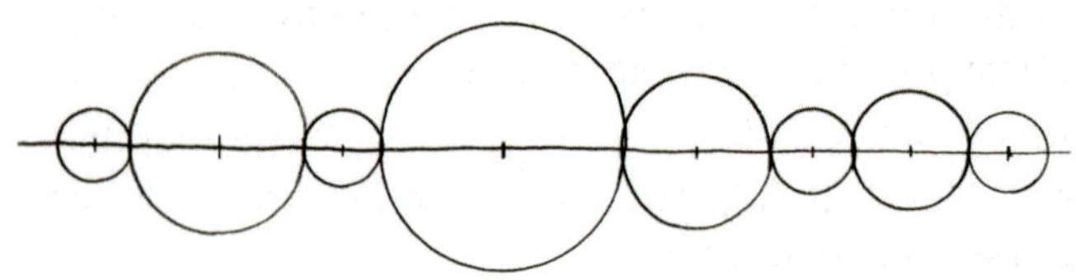

Übung 5

Füge Kreisbögen mit gleichem Radius entlang einer waagrechten Linie aneinander. Die Mittelpunkte werden auch bei dieser Übung nach dem Skizzieren markiert. Wende die Stäbchen-Methode an und wiederhole die Übung mit unterschiedlichen Radien.

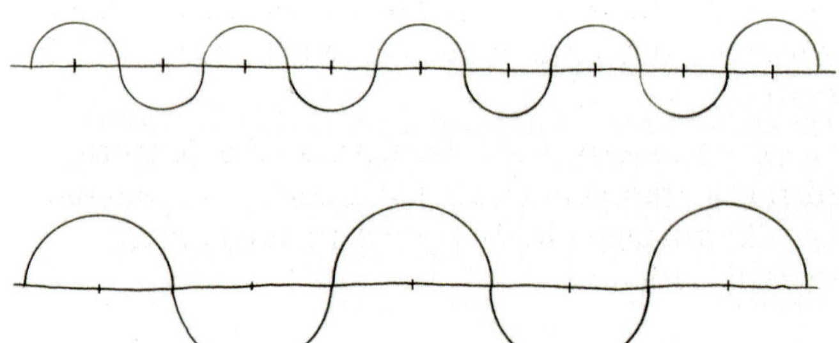

Übung 6

Skizziere unterschiedliche Winkel und füge Kreisbögen mit vorher festgelegten Radien in den Winkel. Der Scheitelpunkt des Winkels ist gleichzeitig der Mittelpunkt des Kreisbogens.

Verwende je nach Radius eine passende Skizziermethode.

Ermittle nach dem Skizzieren den tatsächlichen Radius des Kreisbogens beziehungsweise den Abweichungswert (A) in Millimetern. Notiere beide Werte auf dem Kreisbogen.

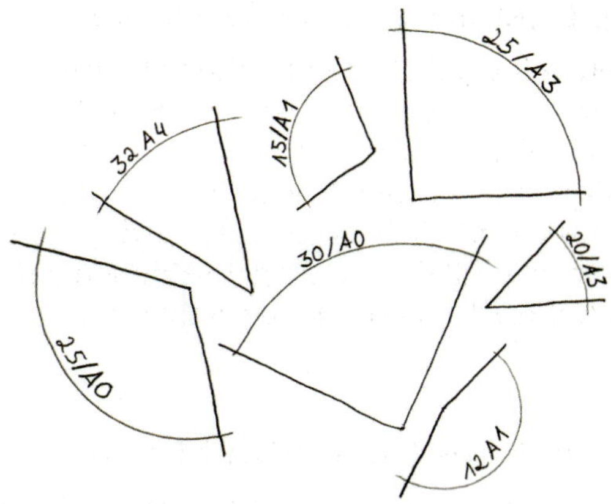

Übung 7

Erstelle mit der Zirkel-Stift-Methode die nebenstehende Figur. Der Durchmesser sollte größer als 60 mm sein.

Konstruiere weitere Kreisformen.

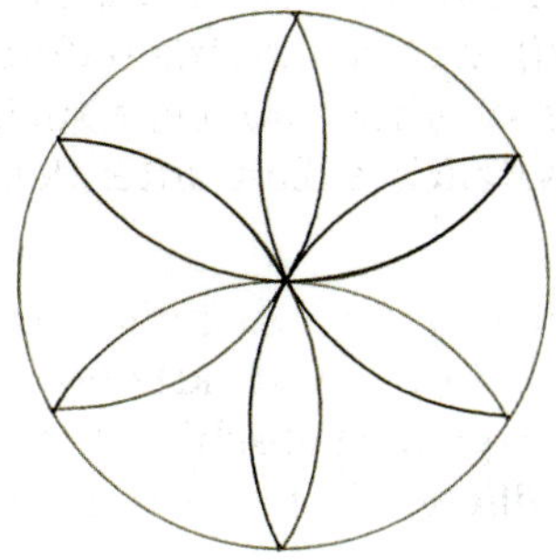

Übung 8

Konstruiere regelmäßige Sechsecke mit unterschiedlichen Durchmessern. Wende je nach Durchmesser eine passende Methode an.

Versuche, auf ähnliche Weise regelmäßige Achtecke zu konstruieren.

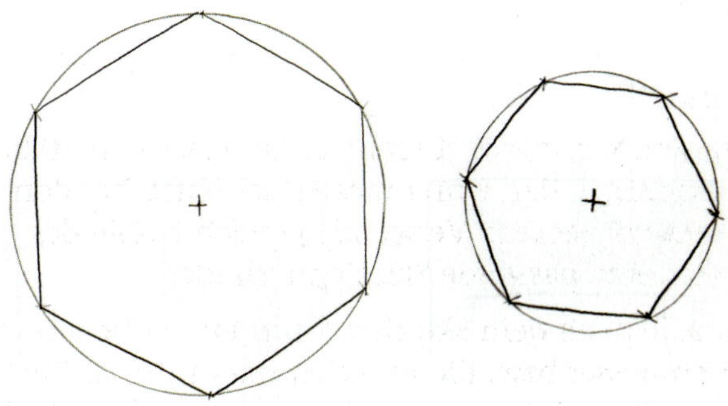

Übung 9

Skizziere eine gerade Mittellinie (dünne Strichpunktlinie) und lege mit zwei Linienkreuzen die Mittelpunkte zweier Radien fest.

Skizziere Kreisbögen mit unterschiedlichen Radien ein. Achte darauf, zunächst mit einer ganz dünnen Linie vorzuzeichnen.

Verbinde die beiden Radien durch Tangenten. Für diesen Zweck wird das Skizzierblatt so gedreht, dass die Tangenten zum Körper hin gezeichnet werden können. Arbeite mit mäßigem Druck (nur vorzeichnen).

Ist die Form festgelegt, können nun die Konturlinien mit kräftigem Druck nachgezeichnet werden. Die überflüssigen Kreisbogenelemente können radiert werden.

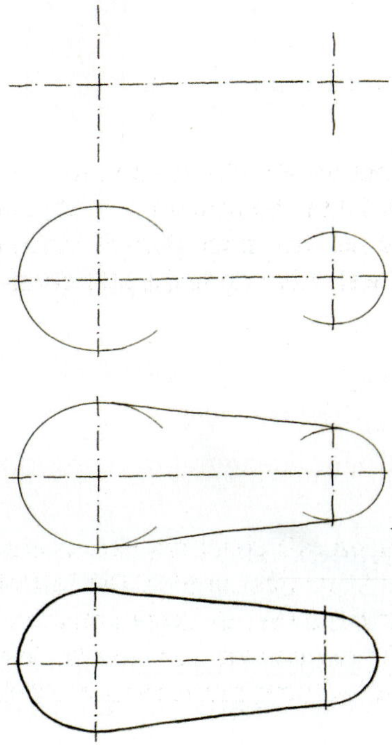

Symmetrische Formen

In technischen Darstellungen erhalten symmetrische Formen zur Kennzeichnung der Symmetrie eine **Symmetrieachse.** Diese wird in Form einer schmalen **Strichpunktlinie** dargestellt. Die Symmetrieachse gibt dem Techniker sofort einen Hinweis darauf, dass dieses Werkstück eine kongruente (deckungsgleiche) Form besitzt. Würde man das Werkstück entlang der Symmetrieachse falten und die Flächen aufeinander klappen, wären diese kongruent.

Senkrechte Symmetrie

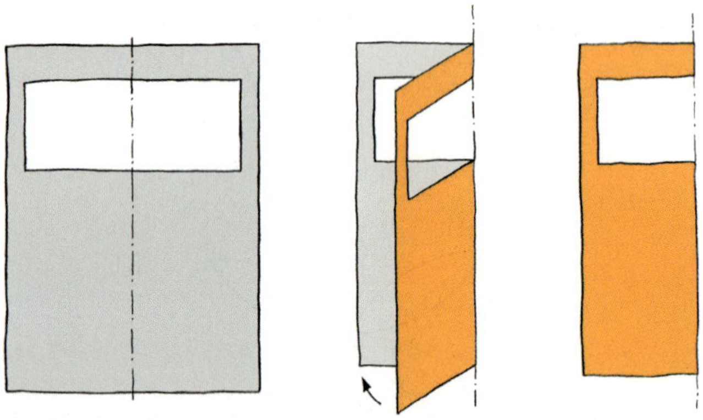

Werkstück mit senkrechter Symmetrie

Waagrechte Symmetrie

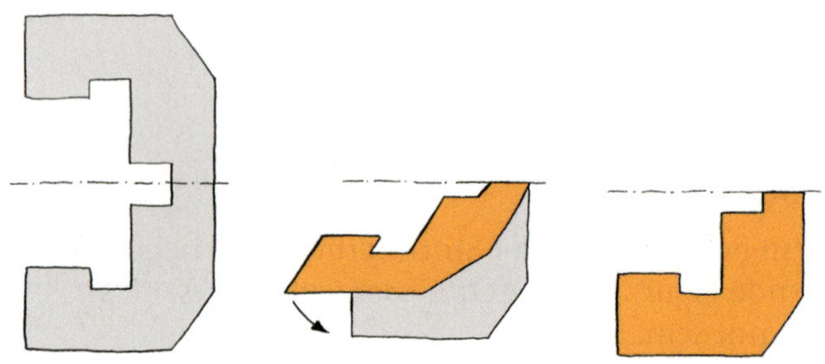

Werkstück mit waagrechter Symmetrie

Doppelsymmetrie

Viele technische Bauteile weisen sowohl eine senkrechte als auch eine waagrechte Symmetrie auf. Der Fachmann bezeichnet solche Formen als **doppelsymmetrische** Formen.

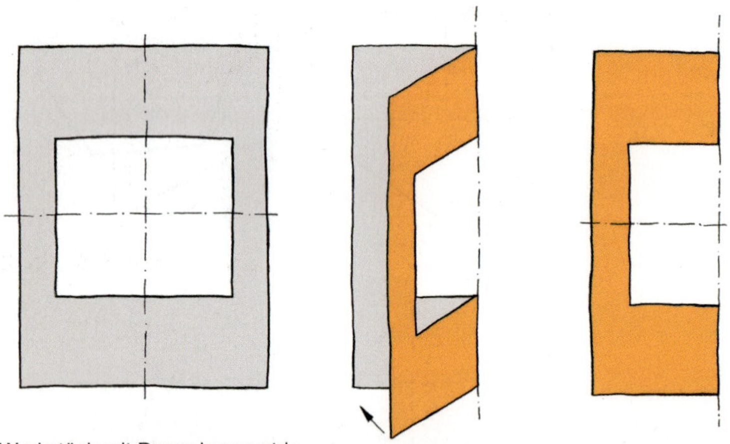

Werkstück mit Doppelsymmetrie

Vier Flächen liegen kongruent aufeinander.

- Werkstücke können **senkrechte** oder **waagrechte Symmetrieeigenschaften** besitzen.
- Werkstücke, die sowohl senkrechte als auch waagrechte Symmetrieeigenschaften aufweisen, werden als **doppelsymmetrische Werkstücke** bzw. **doppelsymmetrische Formen** bezeichnet.
- Symmetrieachsen werden durch eine **schmale Strichpunktlinie** dargestellt.
- „Kongruent" bedeutet deckungsgleich. Kongruenz = Deckungsgleichheit

Arbeitsaufgaben

1. Erläutere anhand eines A4-Blattes den Begriff „Symmetrie".
2. Welchen Fachbegriff kennst du für Flächen, die Deckungsgleichheit aufweisen?
3. Wie werden Symmetrieachsen in technischen Zeichnungen dargestellt?

Formveränderungen erkennen und darstellen

In der technischen Industrie und im technischen Handwerk werden Produkte meist aus Halbzeugen gefertigt. Halbzeuge sind Rohmaterialen in unterschiedlichen Formen. Im Materialbereich Metall werden Halbzeuge in Form von Blechen, Rohren, Stangen etc. verwendet. Im Materialbereich Holz bilden unter anderem Sperrholzplatten, Faserplatten, Bretter, Balken, Kanthölzer, Leimbinder etc. die Ausgangsprodukte. Die Verwendung von Halbzeugen ermöglicht eine rationelle und kostengünstige Fertigung.

Durch die Bearbeitung der Halbzeuge entstehen Formveränderungen. Durch materialspezifische Fertigungsverfahren wie beispielsweise Bohren, Feilen, Sägen, Hobeln und Schneiden werden diese Formveränderungen, die auch als **Aussparungen** oder allgemein als **Veränderungen** bezeichnet werden, erzielt.

Formveränderungen an flachen Werkstücken

Als **flache Werkstücke** werden plattenförmige Werkstücke, z. B. Bleche, bezeichnet, deren Form sich in einer Ansicht erkennen und darstellen lässt. Die Tiefe des Werkstücks wird durch den Buchstaben „t" und einen entsprechenden Wert in der Einheit Millimeter angegeben. Der Buchstabe „t" steht für das englische Wort „thickness" und bedeutet übersetzt „Dicke".

Stufe

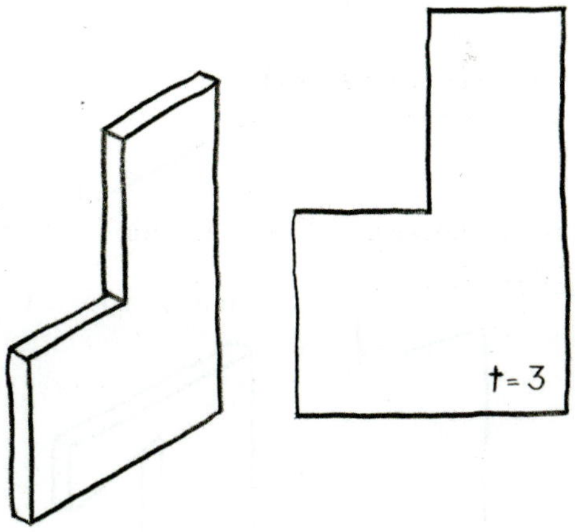

Durchbruch

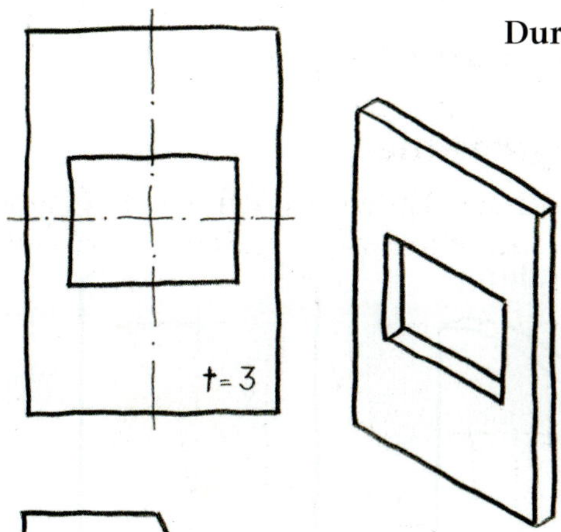

Nut

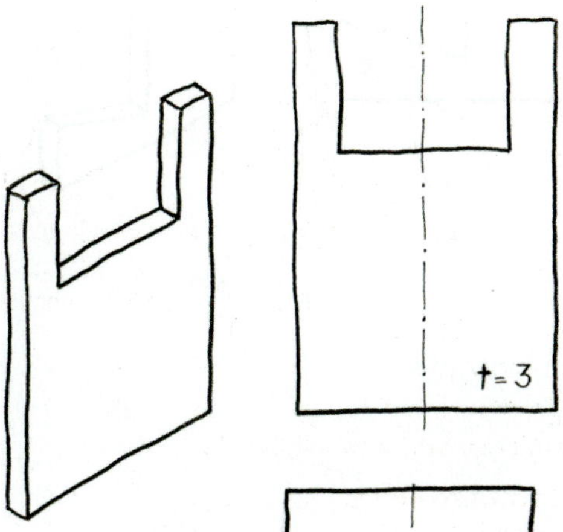

Abschrägung

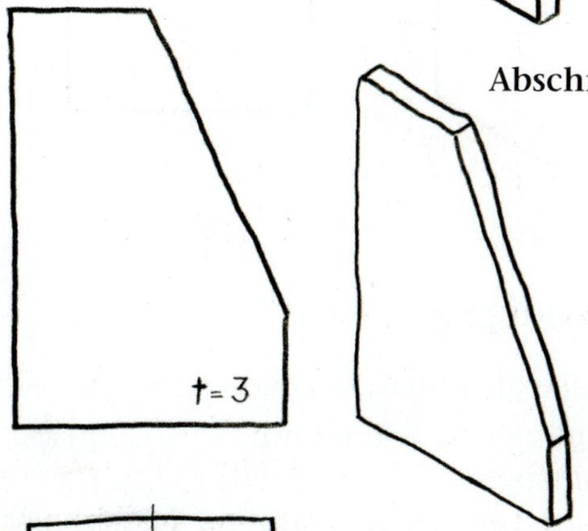

Bohrung

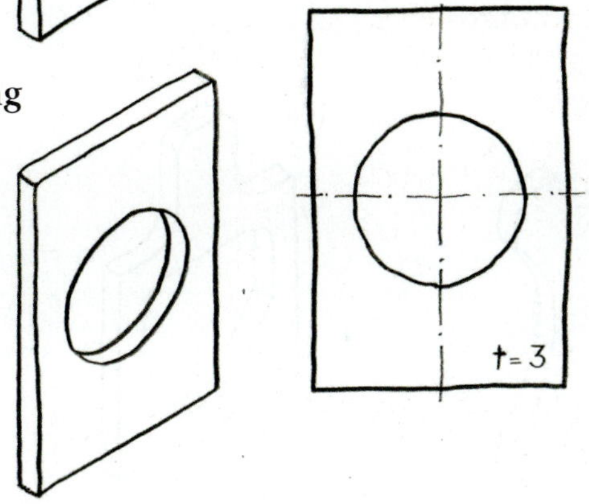

Langloch

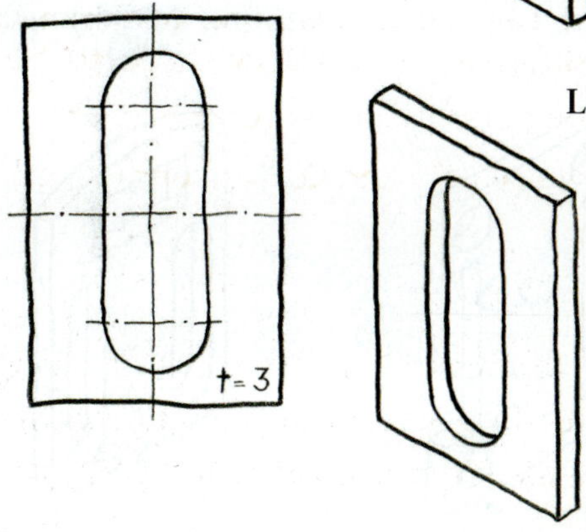

Einrundung 180°

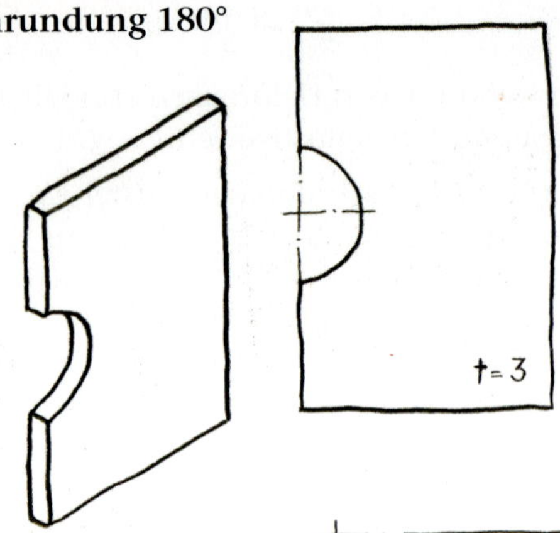

Abrundung 180°

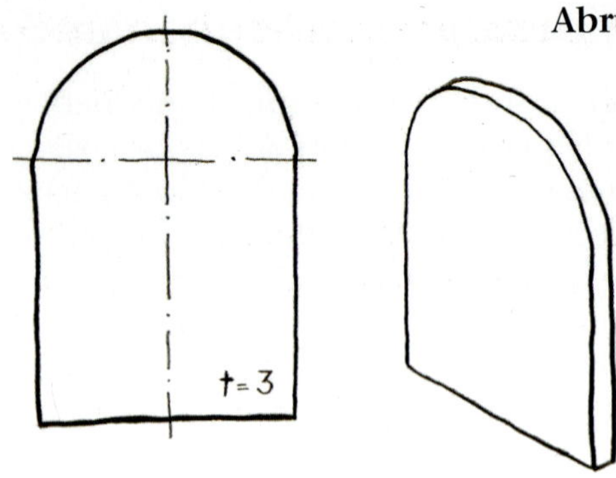

Einrundung 90°

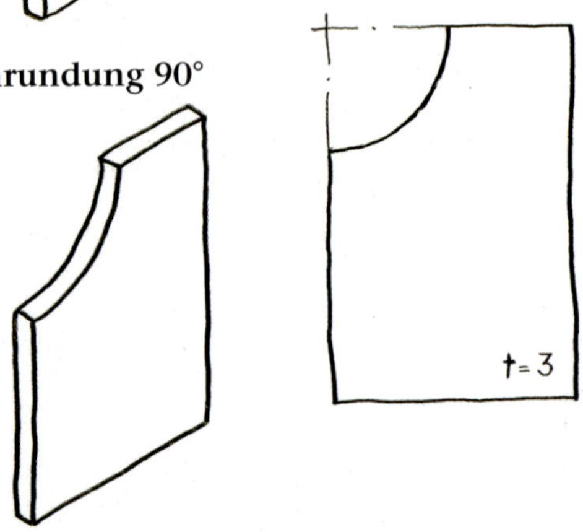

Abrundung 90°

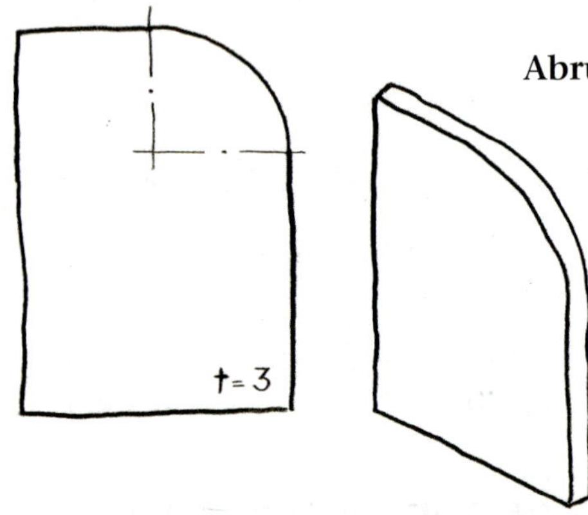

Teilabrundung

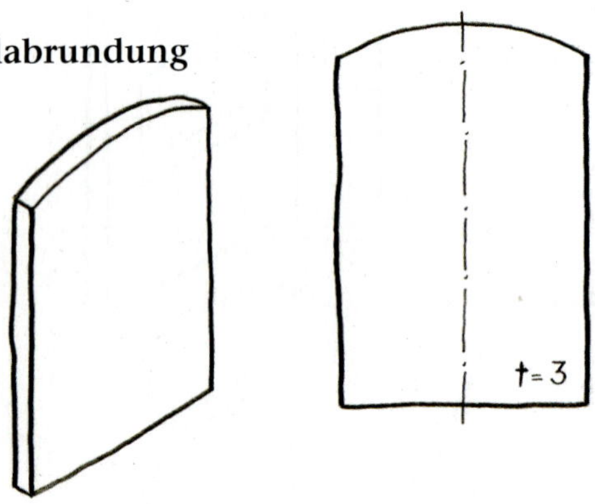

Schwalbenschwanz-Nut

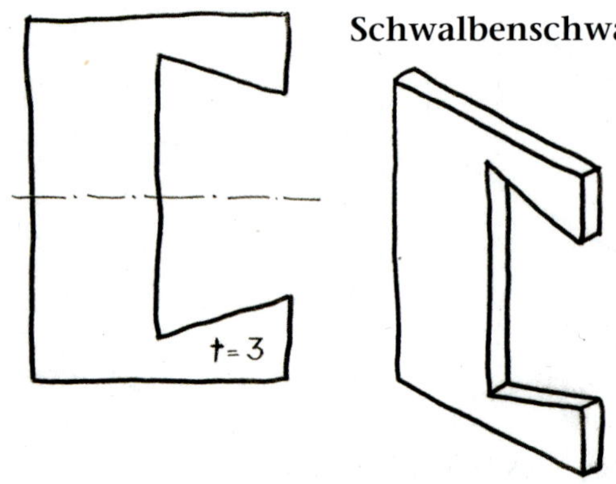

Arbeitsaufgabe

Beschreibe die unten abgebildeten Körper A – D nach folgendem Leitfaden:

a) Ursprüngliche Grundform
b) Symmetrie
c) Anzahl, Lage und Benennung der Formveränderungen

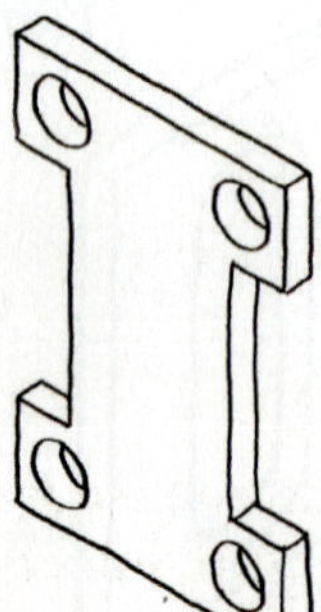

A)

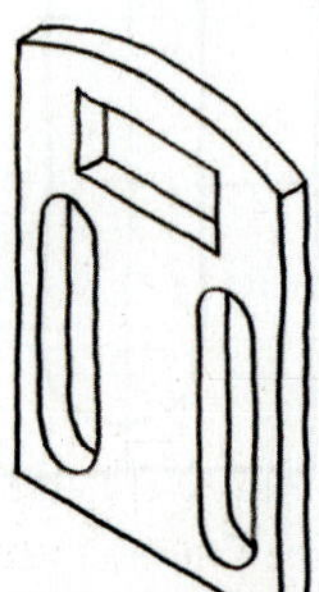

B)

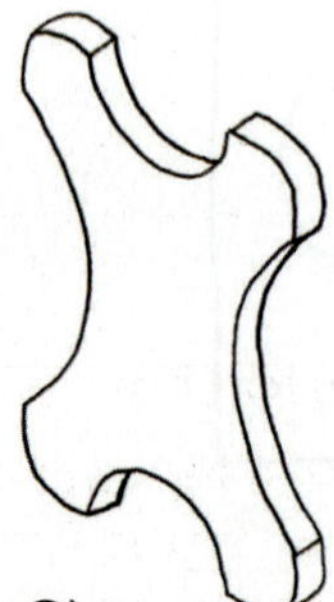

C)

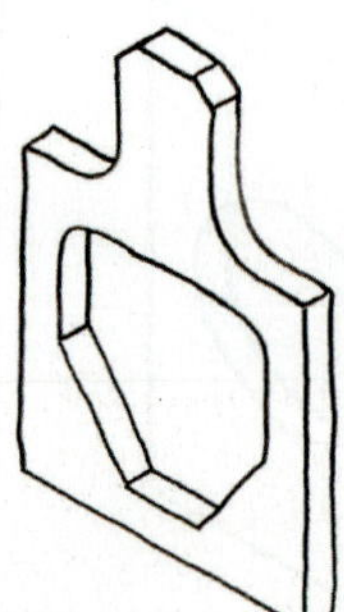

D)

Flache Werkstücke analysieren, beschreiben und skizzieren

Formanalyse

Bei der Formanalyse eines Körpers werden
- **die Grundform bestimmt,**
- **die Symmetrieeigenschaften ermittelt,**
- **die Anzahl der Formveränderungen festgestellt**
- **und die Art und Lage der Veränderung beschrieben.**

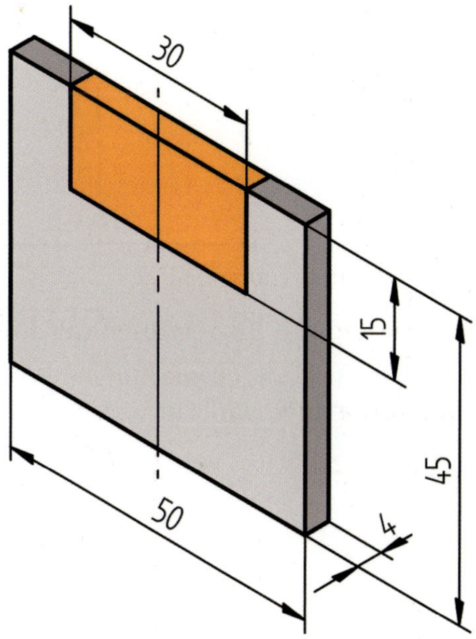

Grundform
Das flache Werkstück besitzt eine rechteckige Grundform mit den Maßen 50 x 45 x 4 mm.

Symmetrie
Das Werkstück weist eine senkrechte Symmetrie auf.

Anzahl der Formveränderungen
Eine Formveränderung

Art, Lage und Abmessungen der Formveränderung
Nut oben mittig, 30 x 15 x 4 mm

Arbeitsschritte beim Skizzieren am Beispiel einer Nut

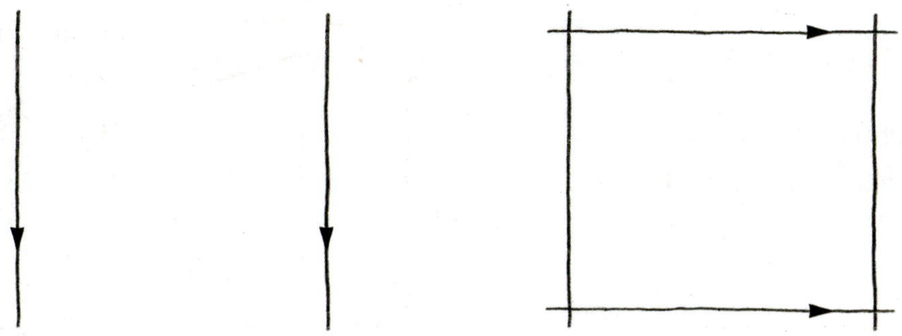

Vorzeichnen des Grundkörpers

Zeichne mit wenig Anpressdruck und sehr dünnen Linien (Vorzeichnen) die Grundform des Körpers. Achte auf Parallelität der Linienpaare.

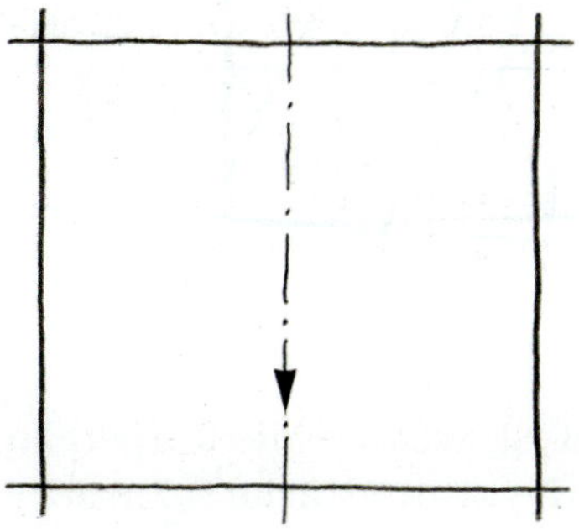

Einzeichnen der senkrechten Symmetrieachse

Bei symmetrischen Werkstücken wird entsprechend der Symmetrie eine dünne **Strichpunktlinie** eingezeichnet. Sie erleichtert das Festlegen der Maße für die Formveränderung. Die Symmetrieachse bzw. Symmetrielinie ragt 2 mm über die Körperkanten hinaus und wird in einer Stärke von **0,35 mm** gezeichnet.

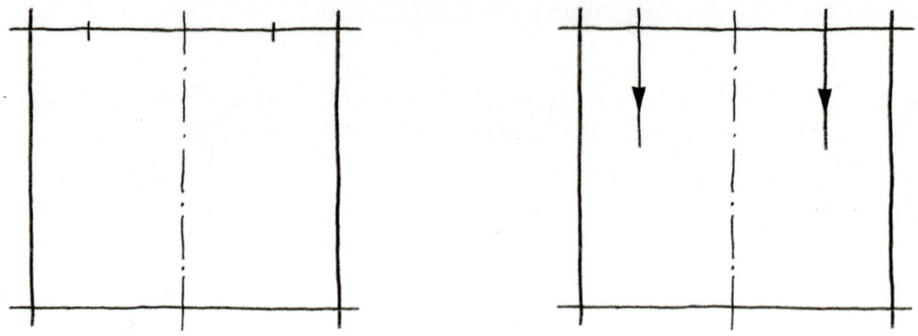

Markieren und Einzeichnen der Breite

Es ist sinnvoll, die Abmessungen vor dem Zeichnen der Linien erst zu markieren. Die kleinen Markierungen lassen sich im Bedarfsfall wesentlich einfacher korrigieren als gezeichnete Linien.

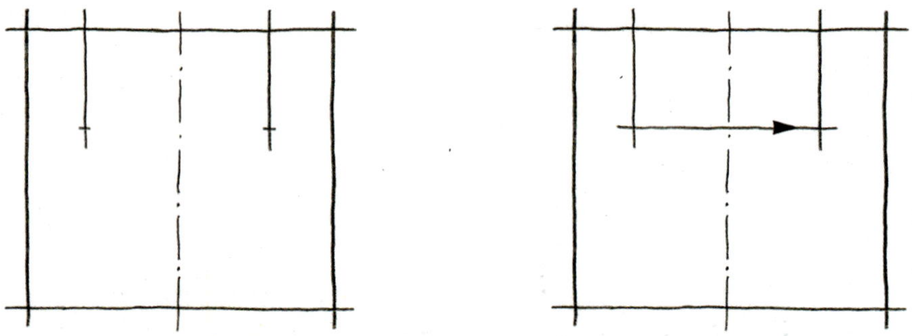

Markieren und Einzeichnen der Höhe

Wie bereits bei der Nutbreite, so ist es auch beim Einzeichnen der Nuthöhe ratsam, die Abmaße erst durch kleine Markierungen festzulegen. Anschließend kann die Höhe anhand der Markierungen eingezeichnet werden.

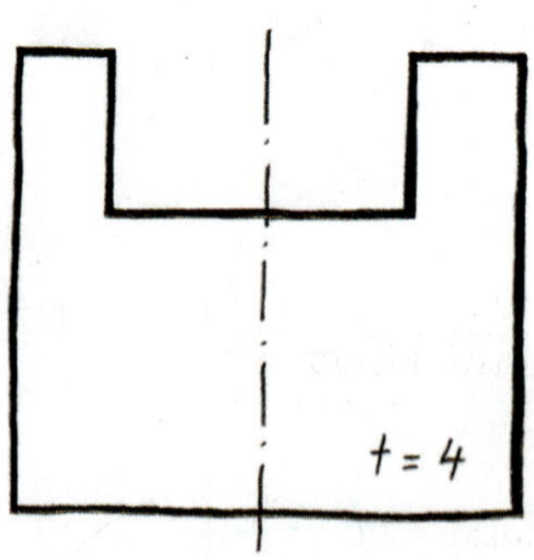

Nachzeichnen der Konturen

Nachdem die Formveränderung eingezeichnet ist, werden alle Körperkanten kräftig nachgezogen. Wer mit Druckminenstiften arbeitet, verwendet dafür die **Minenstärke 0,7 mm.** Überflüssige Linien können radiert werden.

Arbeitsaufgaben

1. Die unten abgebildeten flachen Werkstücke weisen mehrere Formveränderungen auf. Führe die nachstehenden Arbeitsaufträge in der vorgegebenen Reihenfolge aus.
   a) Führe für jedes Werkstück eine Formanalyse durch.
   b) Fertige eine Skizze der Werkstücke an.

A)

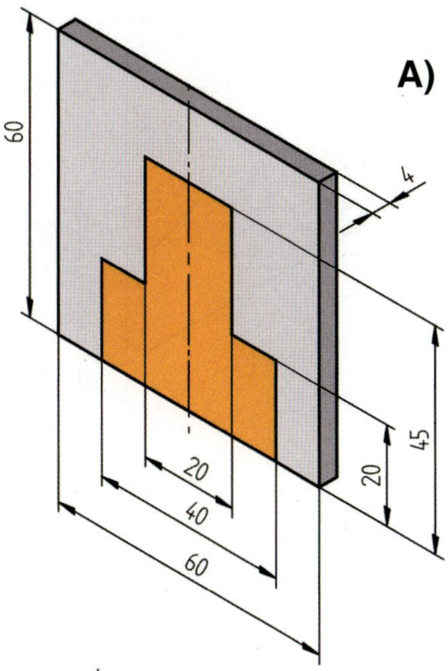

B)

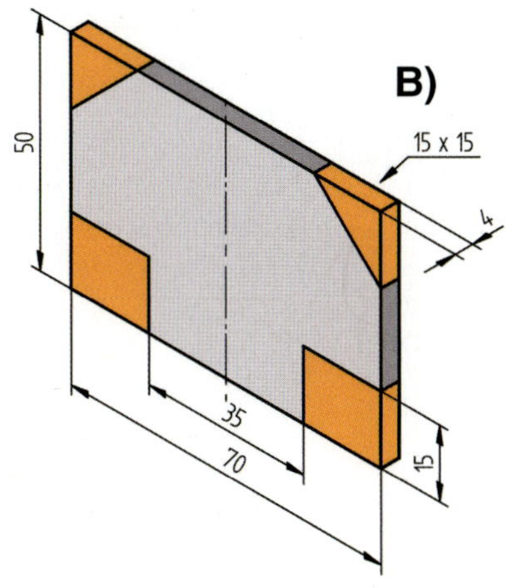

C)

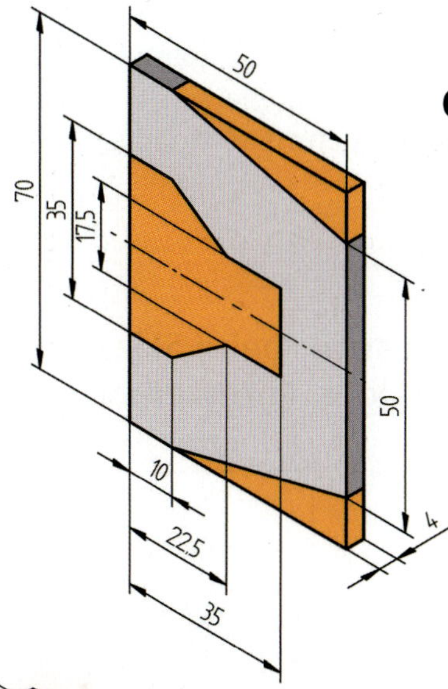

D)

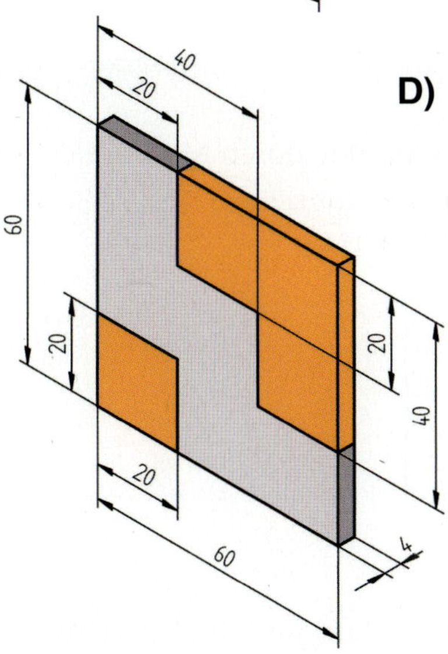

E)

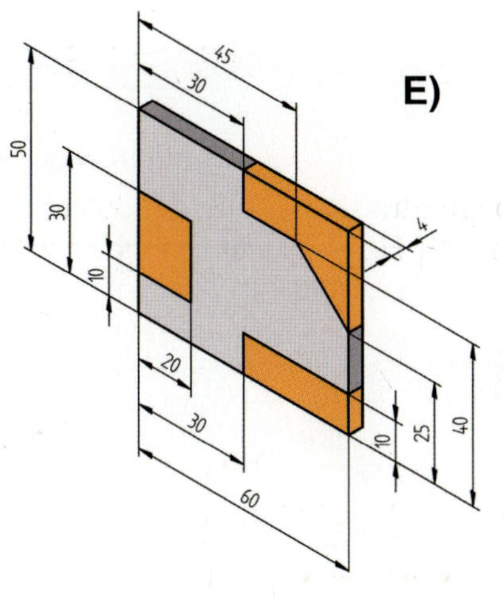

F)

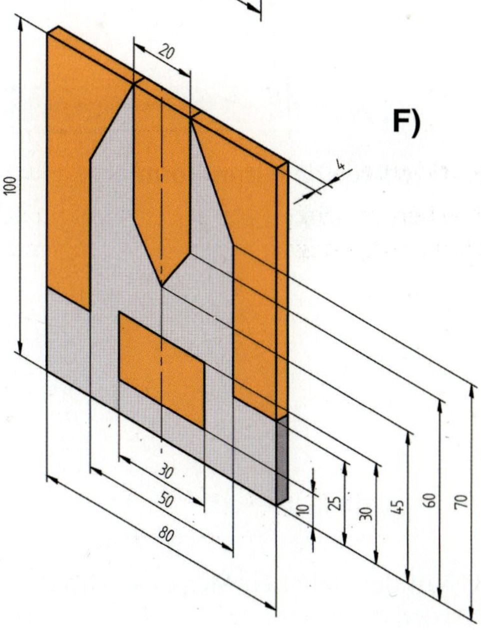

2. Skizziere die flachen Werkstücke.
   a) Grundmaß: 100 x 100 x 5 mm
      Formveränderungen:
      - **Stufe**, oben, rechts u. links, 20 x 30 mm
      - **Nut**, unten, mittig 50 x 25 mm
      - **Durchbruch**, mittig, 30 x 50 mm, Abstand von oben 10 mm
      - **Abschrägung**, unten, links u. rechts, 15 x 15 mm
   b) Grundmaß: 100 x 70 mm
      Formveränderungen:
      - **Durchbruch**, mittig 60 x 30 mm
      - **Abschrägung**, oben, rechts u. links 15 x 60 mm
      - **Nut**, oben, mittig, 40 x 10 mm
      - **Nut**, unten, mittig, 80 x 12 mm

Skizzieren von kreisförmigen Formveränderungen

Die folgenden Arbeitsschritte veranschaulichen die Vorgehensweise beim Skizzieren von kreisförmigen Formveränderungen.

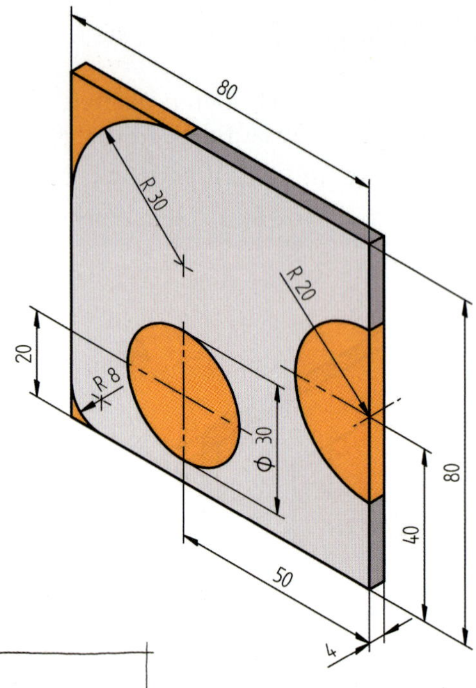

Arbeitsaufgabe

Führt zusammen mit einem Partner eine **Formanalyse** des Körpers – siehe die rechte Abbildung – durch. Notiert die Ergebnisse stichpunktartig.

Arbeitsschritte beim Skizzieren am Beispiel von kreisförmigen Formveränderungen

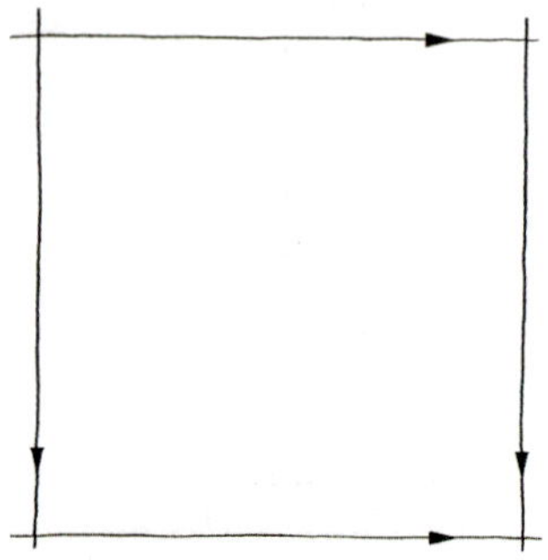

1. Skizzieren der Grundform

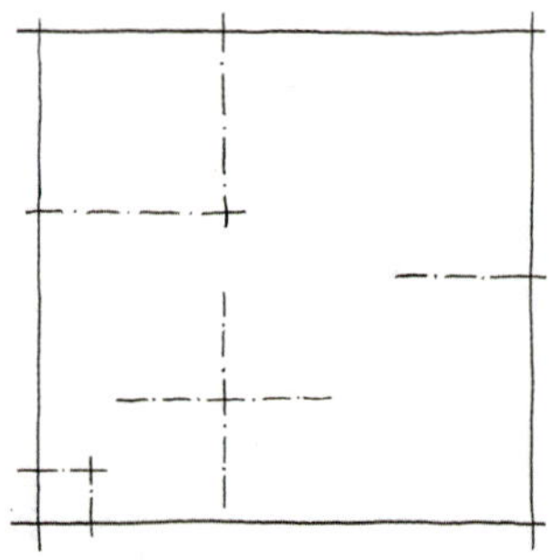

2. Markieren der Mittelpunkte durch Mittellinien

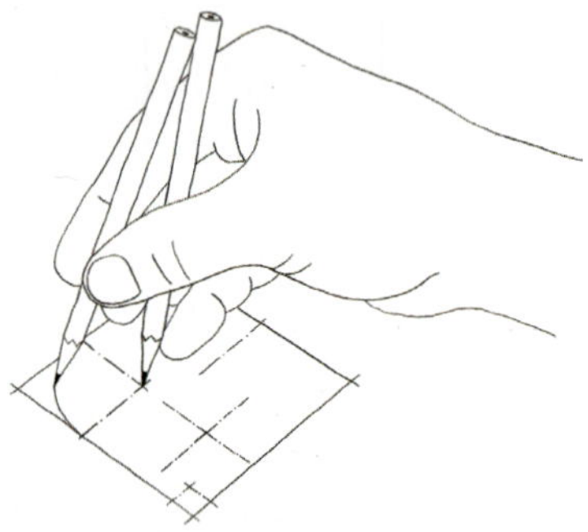

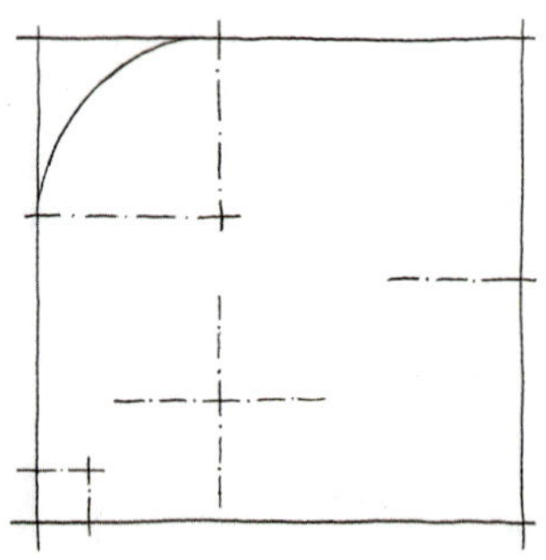

3. Mit der Stäbchen-Methode wird die Abrundung vorgezeichnet. Die Hand bleibt starr, und das Skizzierblatt wird dabei gedreht.

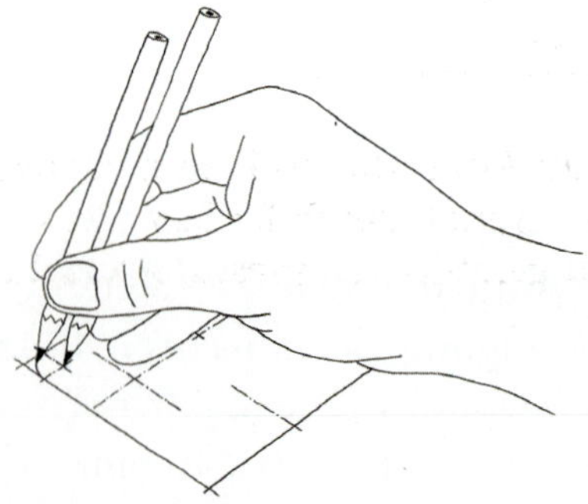

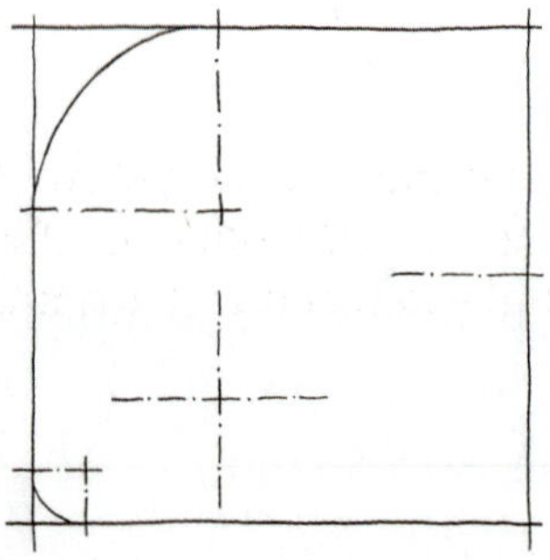

4. Die kleine Abrundung wird ebenfalls mit der Stäbchen-Methode eingezeichnet. Wieder bleibt die Hand starr, und das Skizzierblatt rotiert um den „Einstichpunkt“.

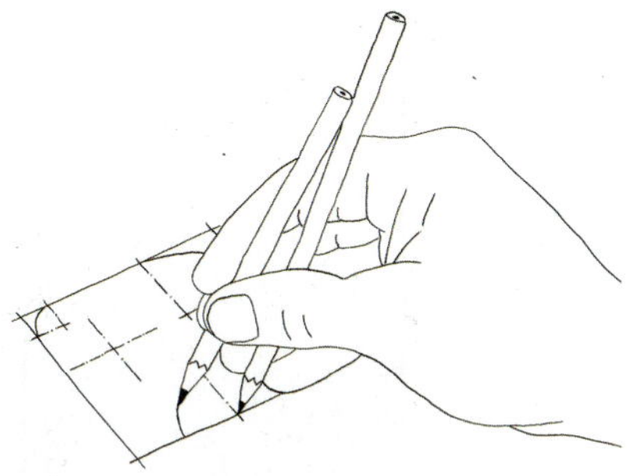

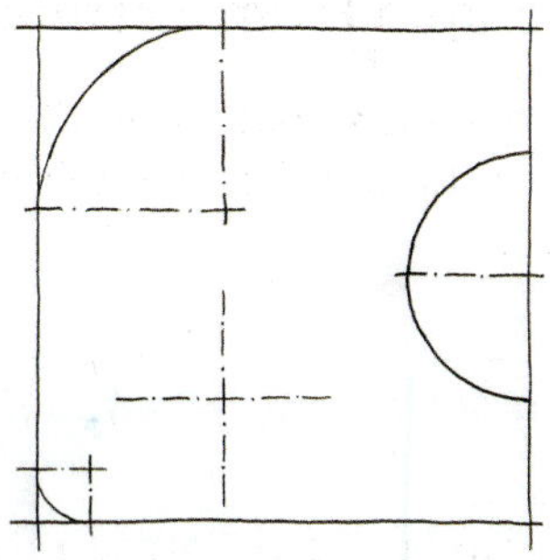

5. Die 180°-Einrundung kann ebenfalls mit der Stäbchen-Methode skizziert werden.

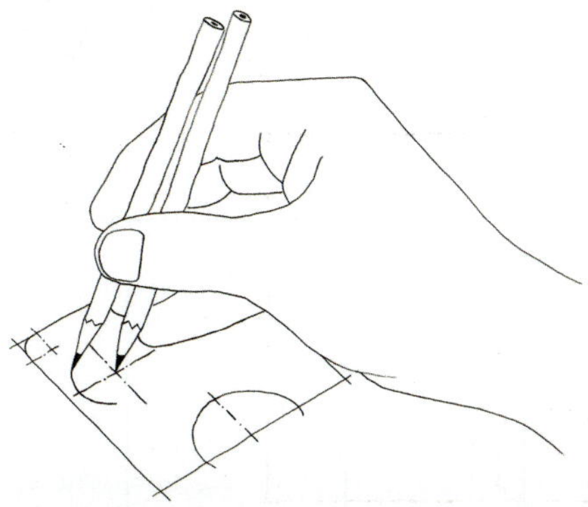

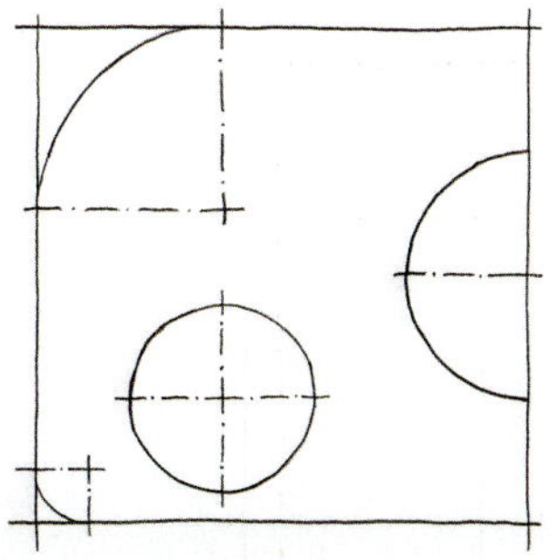

6. Auch die Bohrung lässt sich mit der Zirkel-Stift-Methode skizzieren. Und wie bei allen anderen Formveränderungen, so wird auch hier nur die Skizzierfläche gedreht.

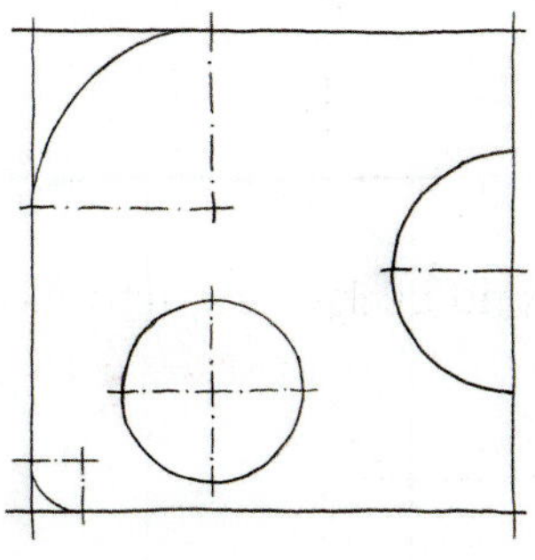

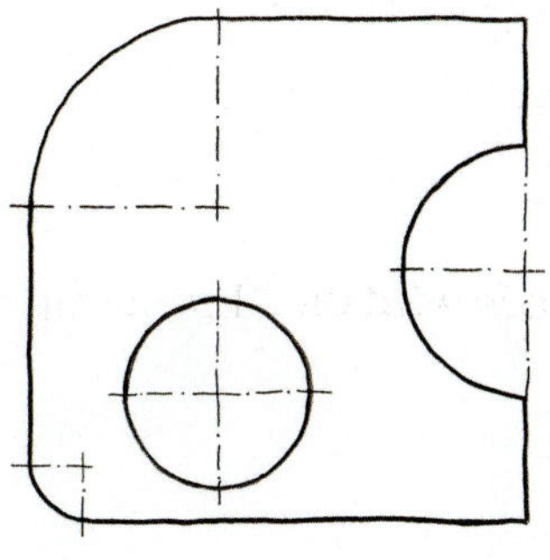

7. Nachdem die Formveränderungen vorgezeichnet sind, werden alle Konturlinien kräftig nachgezogen (Siehe Seite 37 „Linienarten im Überblick"). Überflüssige Linien können durch Radieren aus der Skizze entfernt werden. Dies ist allerdings nur dann möglich, wenn mit geringem Anpressdruck fachgerecht vorgezeichnet wurde.

Skizzierschritte analysieren

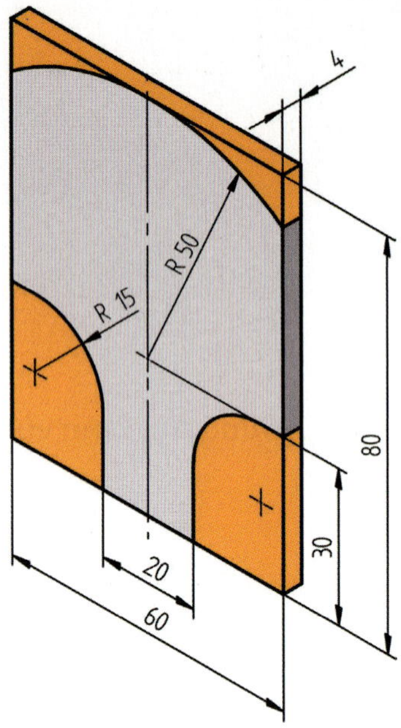

Arbeitsaufgabe

Das abgebildete flache Werkstück weist mehrere Formveränderungen auf. Führe mit einem Partner die nachstehenden Arbeitsaufträge in der vorgegebenen Reihenfolge aus.

a) Führe eine Formanalyse durch.

b) Beschreibe die Skizzierschritte (Skizzen A – H) stichpunktartig.

A)

B)

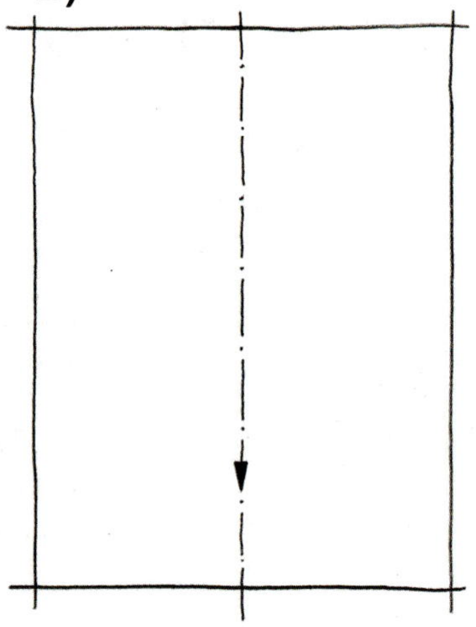

C)

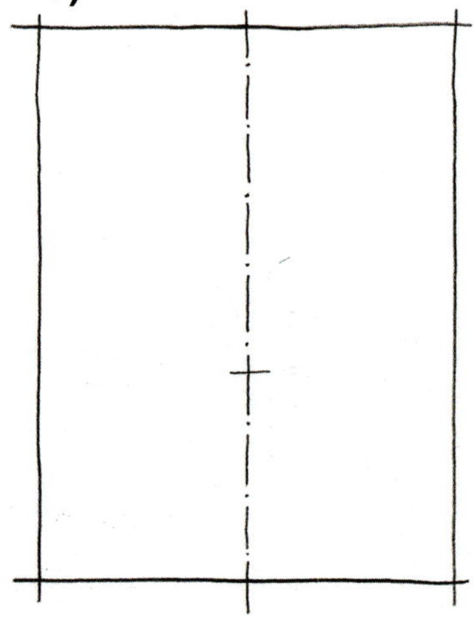

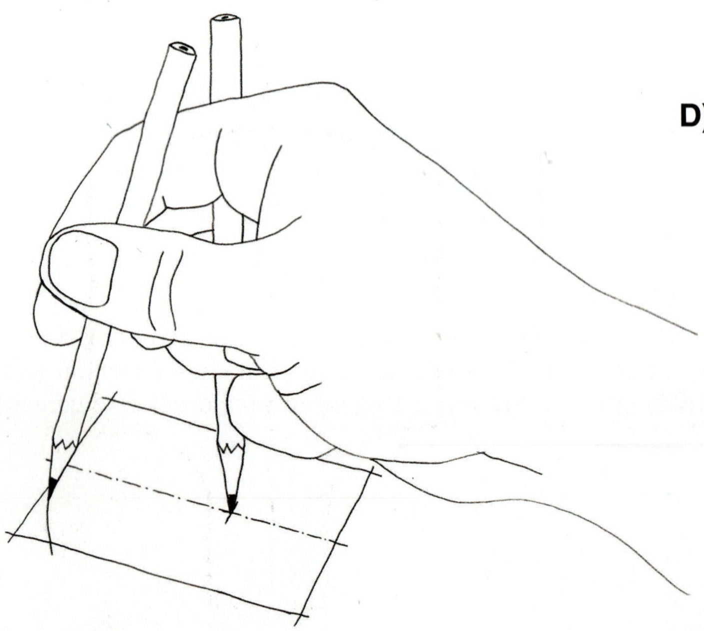

D)

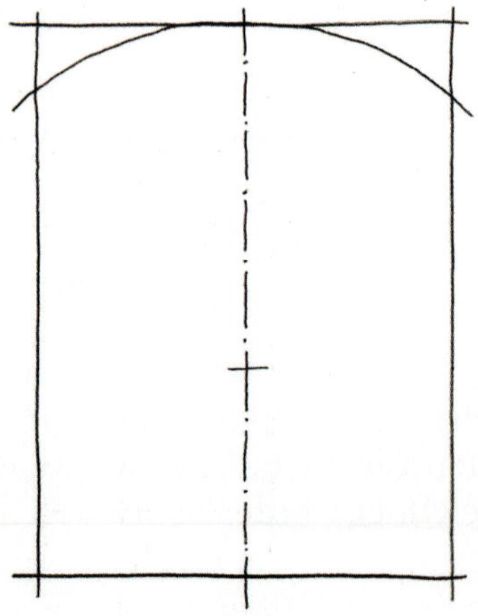

E)

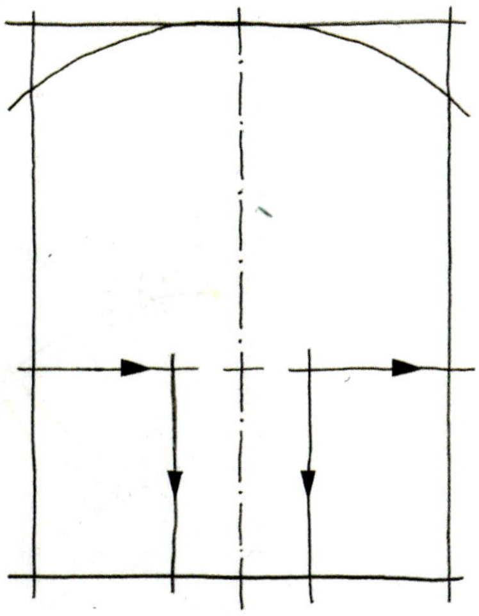

F)

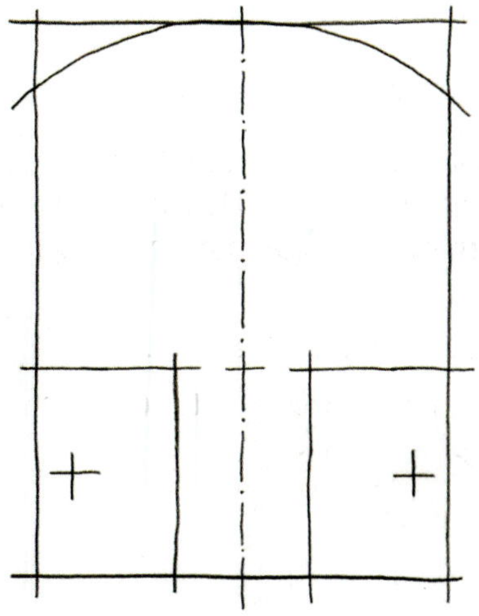

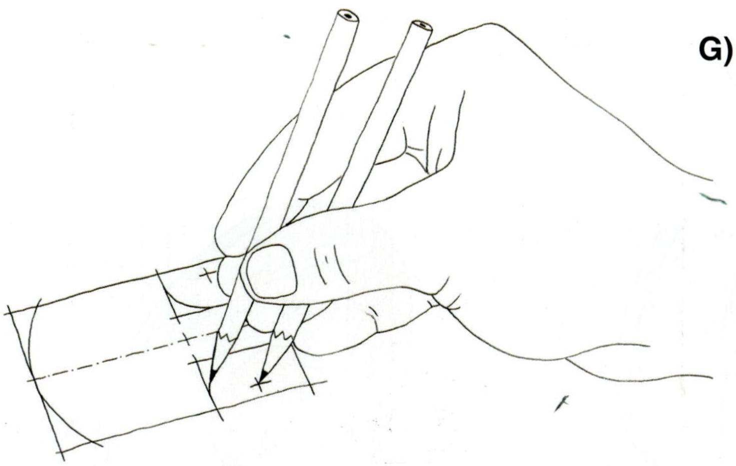

G)

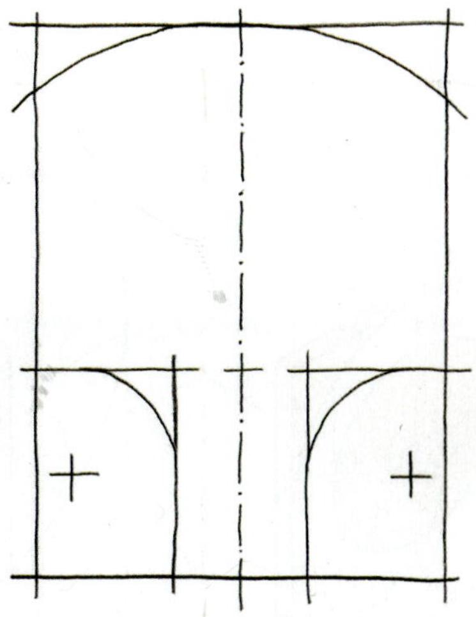

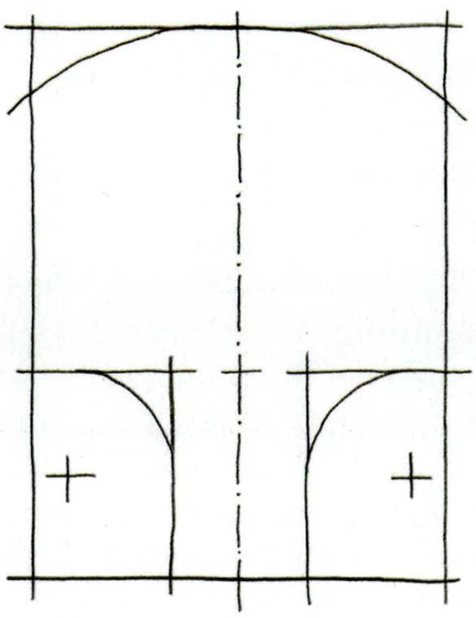

H)

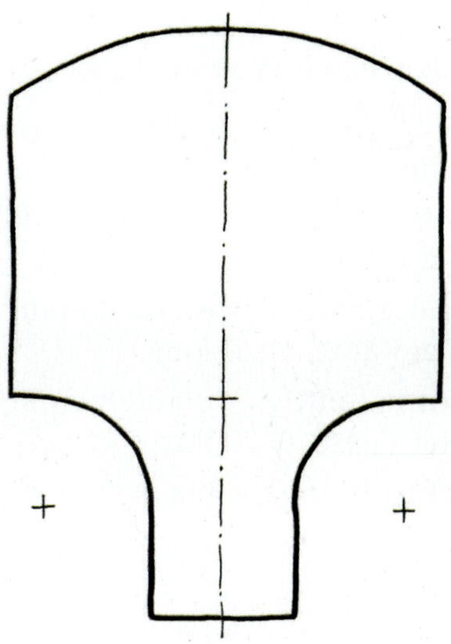

Arbeitsaufgaben

1. Führe für jedes Werkstück eine Formanalyse durch.
2. Skizziere anschließend die flachen Werkstücke.

A)

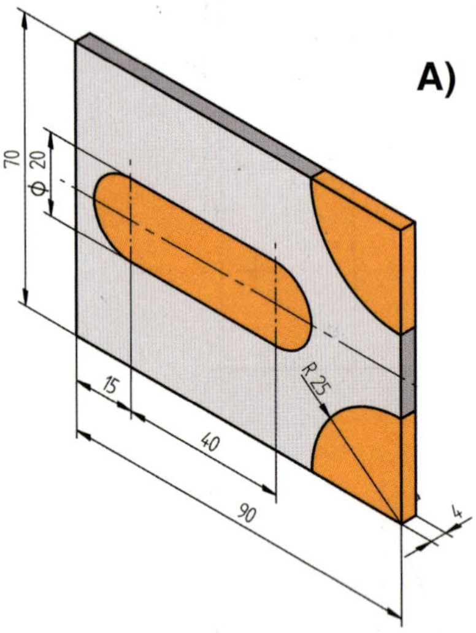

B)

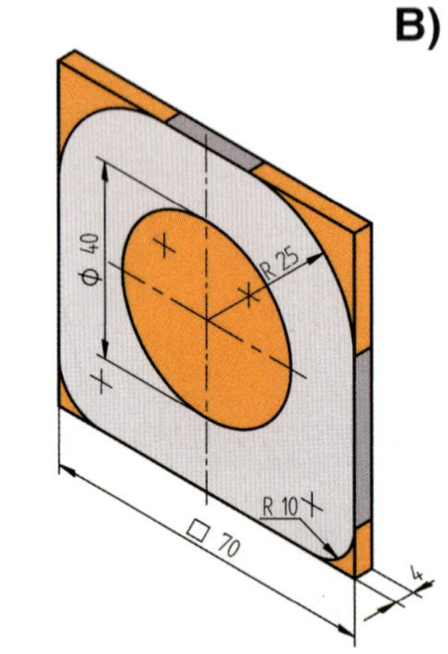

C)

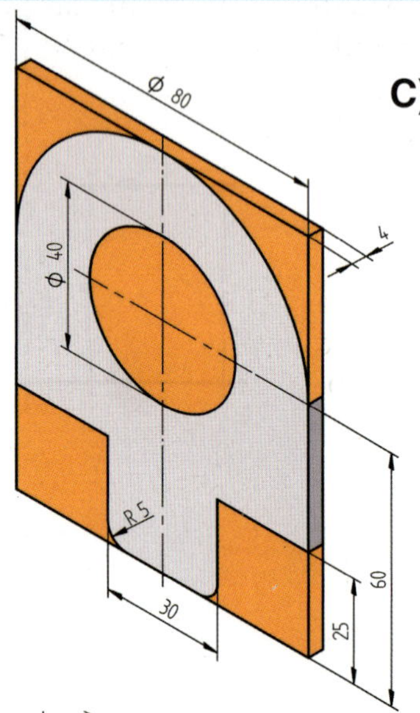

D)

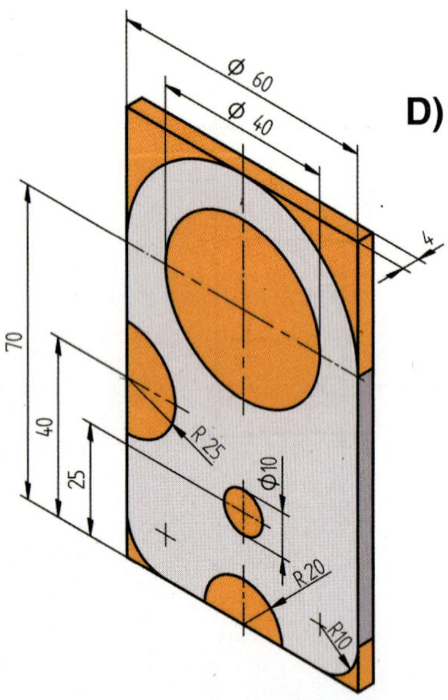

E)

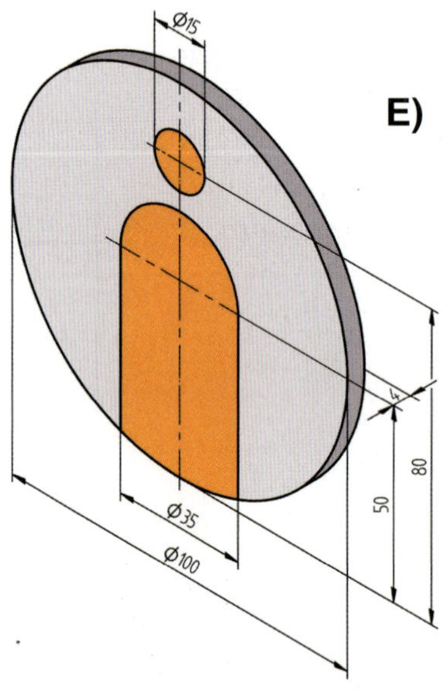

F)

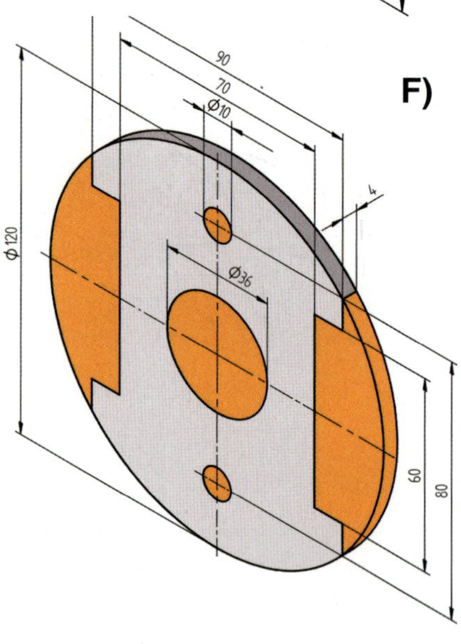

3. Skizziere die flachen Werkstücke.

a) Grundmaß: 120 x 80 x 4 mm

Formveränderungen:

- **90° Abrundung**, rechts, oben und unten, R 15 mm
- **Bohrung**, mittig, Abstand 25 mm von rechter Kante, Ø 20 mm
- **Bohrung**, mittig, Abstand 80 mm von rechter Kante, Ø 30 mm
- **Teilabrundung**, ~~rechts~~, R 60 mm
  Links

b) Grundmaß: 100 x 80 x 4 mm

Formveränderungen:

- **180° Einrundung**, links, mittig, R 18 mm
- **90° Abrundung**, links, oben u. unten, R 5 mm
- **90° Abrundung**, rechts, oben, R 20 mm
- **Bohrung**, rechts, oben, Mittelpunkt = Mittelpunkt der Abrundung, Ø 25 mm
- **Langloch Ø 20 mm,** Abstand der Bohrmittelpunkte 20 mm von unten, Abstand Bohrmittelpunkt erste Bohrung 20 mm von rechter Kante, Abstand zwischen den Bohrmittelpunkten 40 mm

Geometrische Körper als Raumbilder skizzieren

Die Kabinettprojektion

Skizzieren in Kabinettprojektion

Bisher haben wir uns beim Skizzieren lediglich auf zwei Dimensionen, nämlich auf die Breite und Höhe, beschränkt.

So konnten wir Formveränderungen an **flachen** Werkstücken problemlos darstellen.

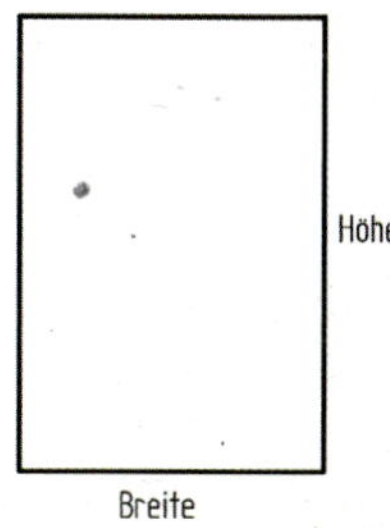

Sicherlich hast du im Mathematikunterricht schon einmal mit einem Koordinatensystem gearbeitet und weißt, dass die Koordinatenachsen bestimmte Bezeichnungen haben.

Unsere bisher verwendeten Begriffe Breite und Höhe können wir durch die Bezeichnungen y- und z-Achse ersetzen.

Der Schnittpunkt der beiden Koordinatenachsen wird dabei als **Ursprung** bezeichnet.

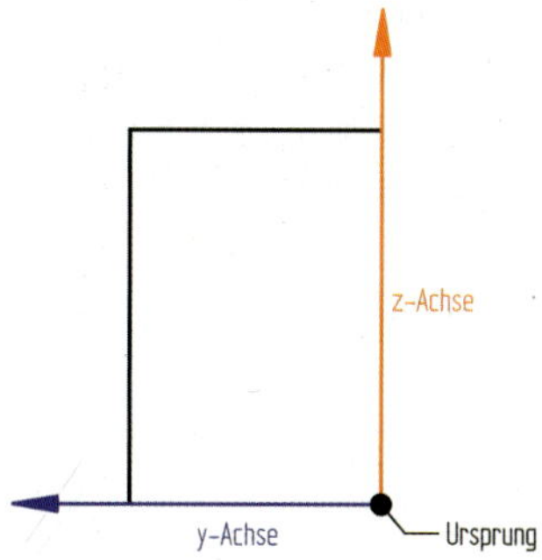

Um Körper räumlich darzustellen, müssen wir unser System aus Breite und Höhe um die Tiefe erweitern. Wir erweitern daher die beiden bestehenden Achsen um eine x-Achse.

Diese verläuft unter einem Winkel von 45° – gemessen an einer waagrechten Linie – „in die Tiefe". **Die Tiefe wird dabei um die Hälfte verkürzt.** Hätte die Tiefe ein tatsächliches Maß von 50 mm, so würde diese lediglich 25 mm entlang der x-Achse eingezeichnet werden.

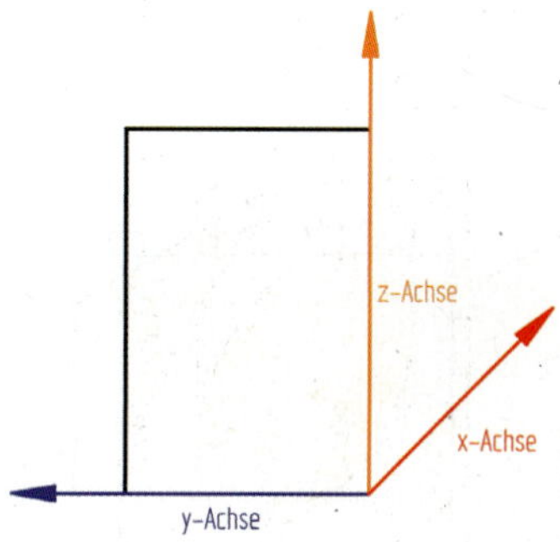

Ein Quader wird schrittweise in Kabinettprojektion skizziert:

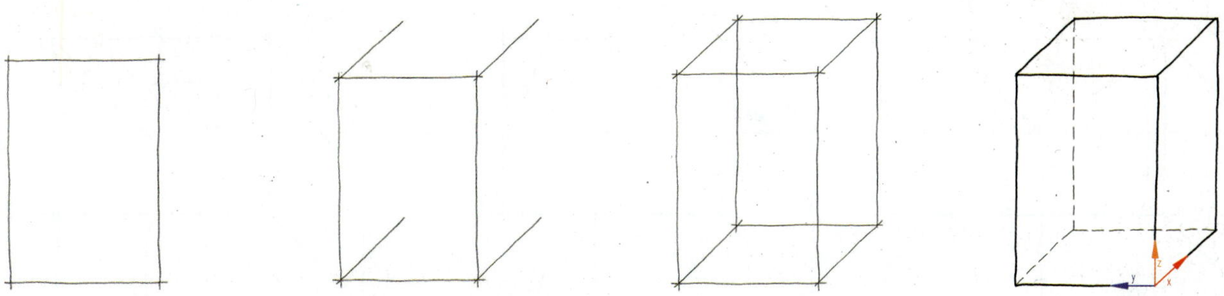

Ein Quader in Kabinettprojektion

Merkmale der Kabinettprojektion

- Die Tiefe wird unter einem Winkel von 45° angetragen.
- Maße entlang der x-Achse werden um die Hälfte ihres Wertes verkürzt dargestellt.

Ursprung

Der Schnittpunkt der Koordinatenachsen wird als Ursprung bezeichnet.

Arbeitsschritte beim Skizzieren von Körpern in Kabinettprojektion

A) Formanalyse

Grundform
Quader mit den Grundmaßen 50 x 40 x 60 mm

Symmetrie
Das Werkstück weist aus dem Betrachtungswinkel der y/z-Achse keine Symmetrie auf.

Anzahl der Formveränderungen
Zwei Formveränderungen

Art, Lage und Abmessungen der Formveränderungen
Stufe, oben links, 25 x 10 mm
Abschrägung, oben rechts, 10 x 25 mm

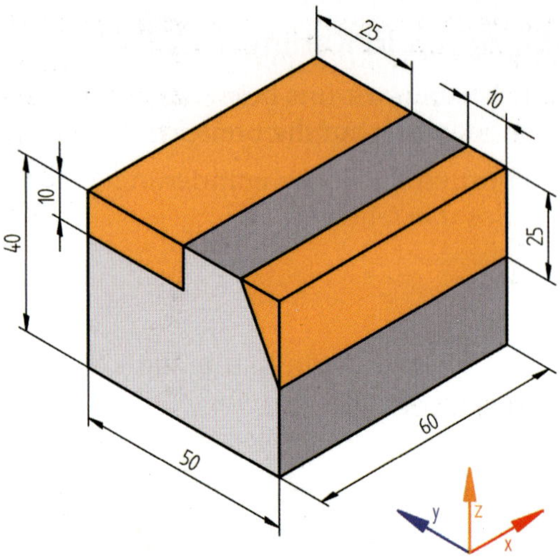

B) Skizzierschritte

Arbeitsaufgabe

Beschreibe mit einem Partner die Skizzierschritte (Skizzen A – G) stichpunktartig.

A)

B)

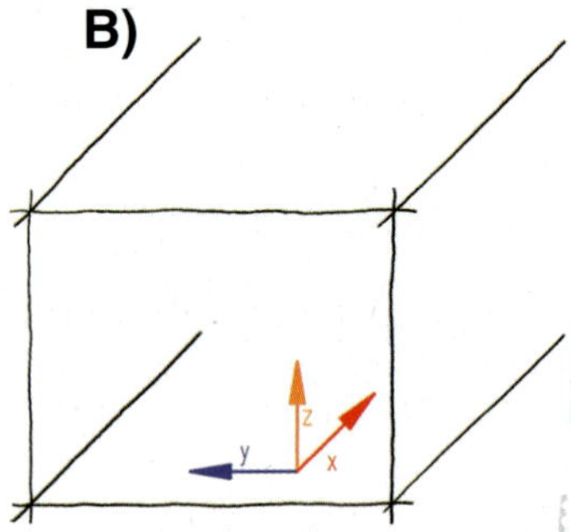

C)

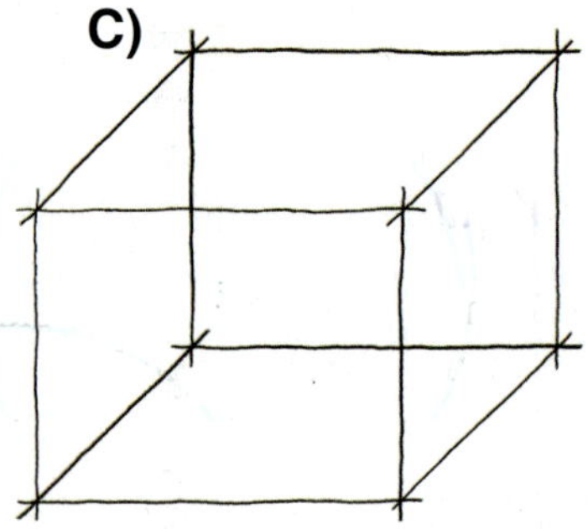

D)

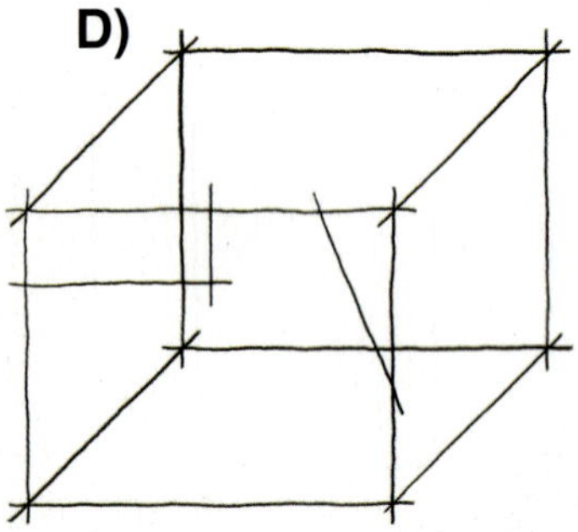

E)

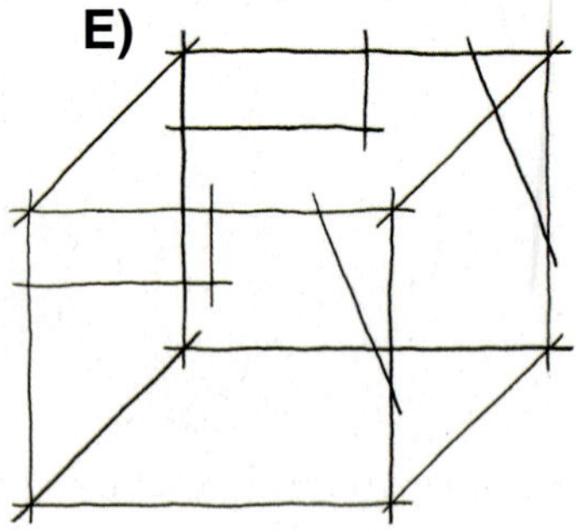

F)

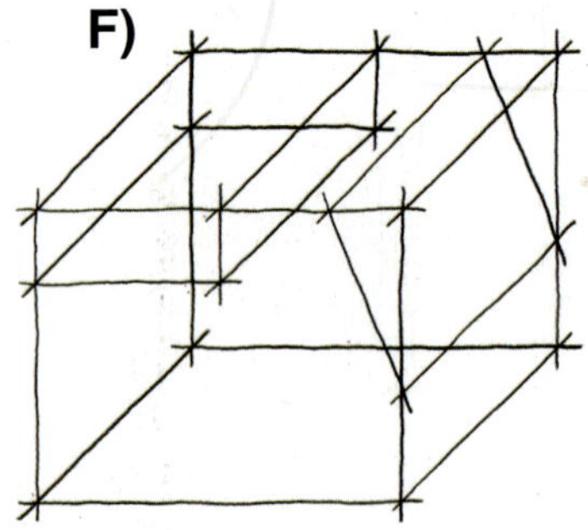

G)

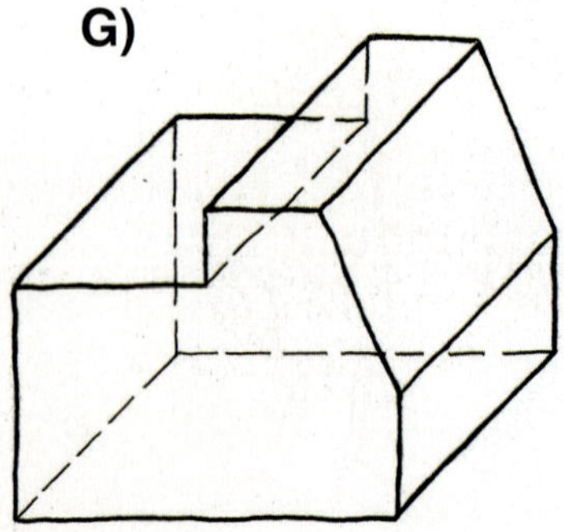

Skizzen mit dem Raster anfertigen

Räumliche Skizzen völlig freihändig anzufertigen, ist eine sehr anspruchsvolle Aufgabe. Deshalb ist es vor allem für „Anfänger“ sehr hilfreich, Skizzen in Kabinettprojektion mithilfe eines Karo-Rasters zu erstellen. Als vorteilhaft erweist sich das Zeichnen mit Karoraster, wenn auf die Maßhaltigkeit besonders Wert gelegt wird. Ein weiterer Vorteil liegt darin, dass die 45°-Achse exakt durch die Schnittpunkte des Rasters verläuft.

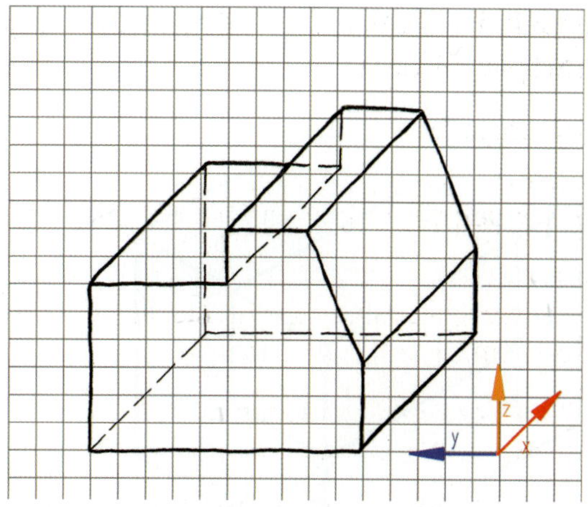

Linienarten im Überblick

Linienart	Breite in mm	Darstellung	Verwendung
Skizzierlinien	> 0,35	————————	Vorzeichnen von Körpern
Breite Volllinie	0,7	━━━━━━━━	Körperkanten
Strichlinie	0,35	– – – – – – – – –	Verdeckte Kanten
Schmale Strich-Punktlinie	0,35	—— - —— - —— - ——	Symmetrielinie, Mittellinie

Arbeitsaufgabe

Führe die Formanalyse durch und skizziere die Werkstücke in Kabinettprojektion. Zeichne alle Körper mit verdeckten Kanten. Achte auf die unterschiedlichen Linienstärken.

A)

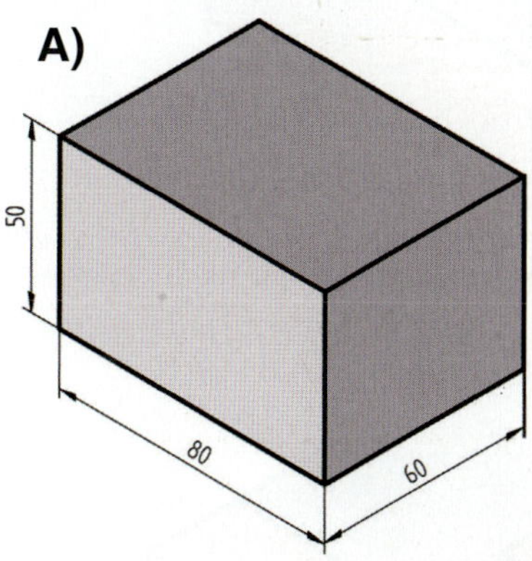

B)

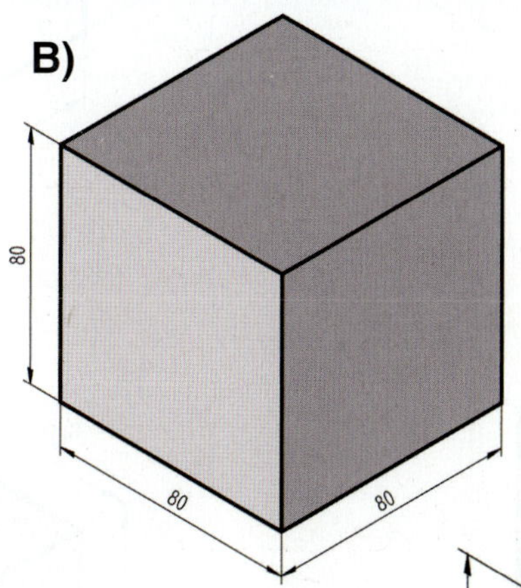

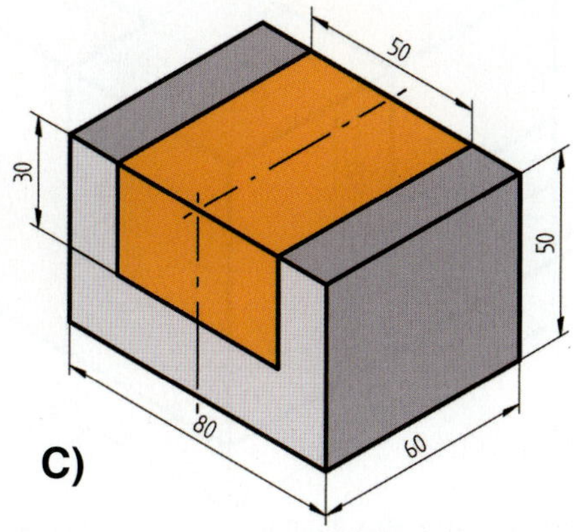

C)

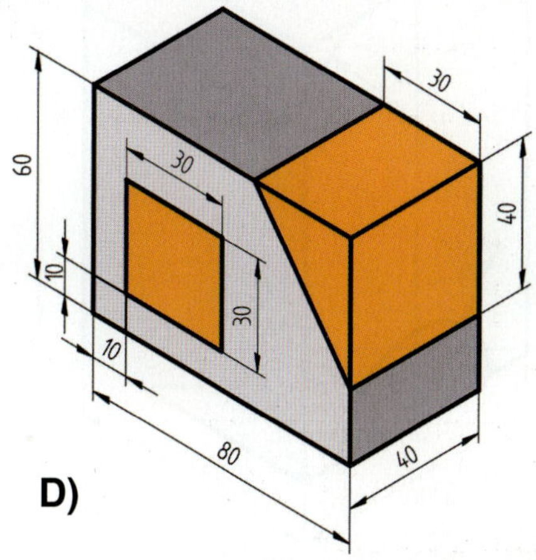

D)

Ausklinkung 60 x 30 x 30 mm

E)

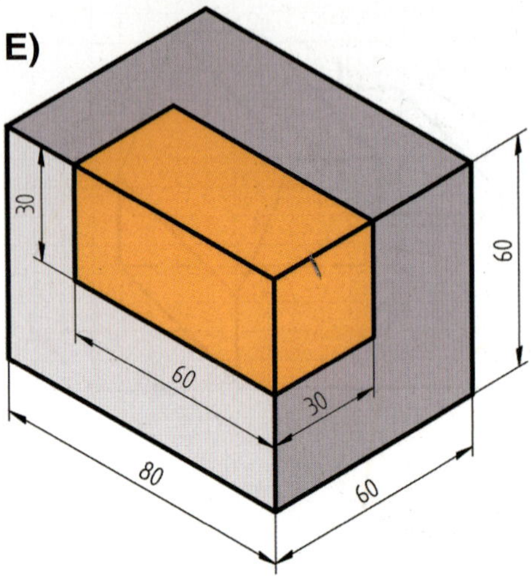

F)

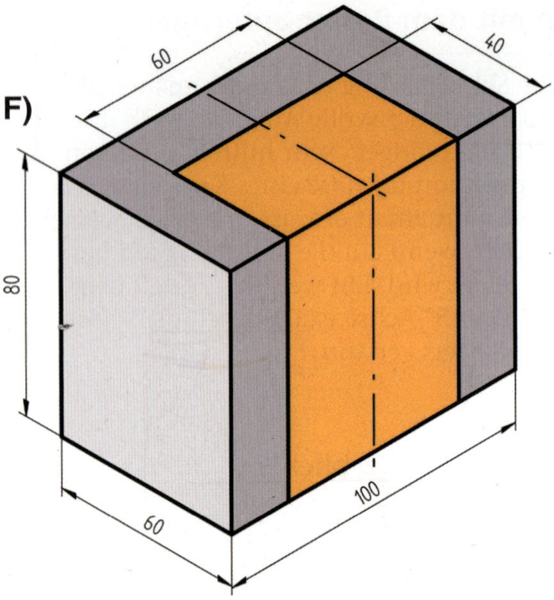

G)

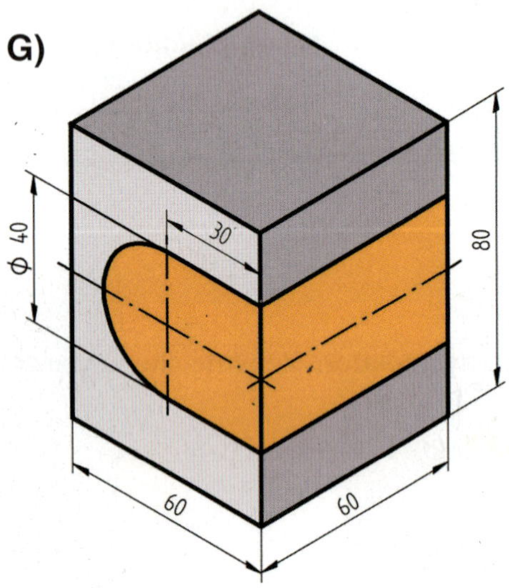

H)

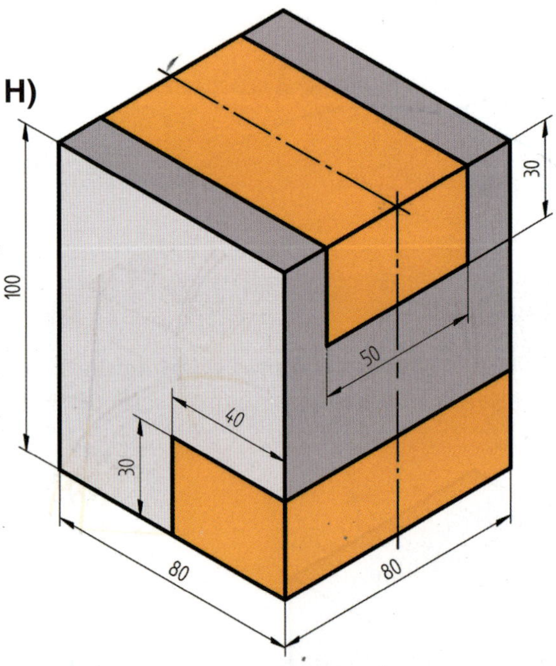

I)

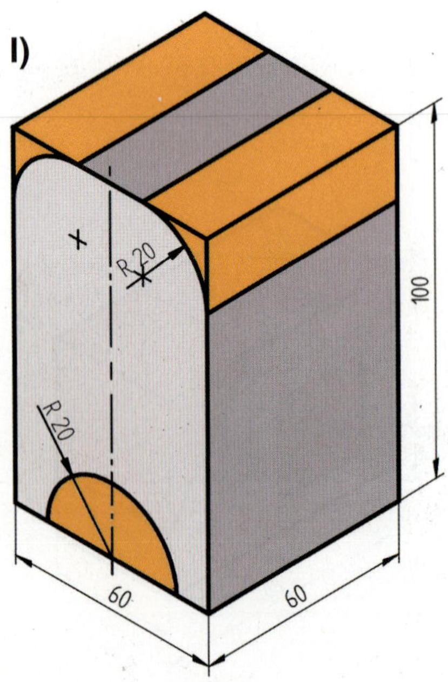

J)

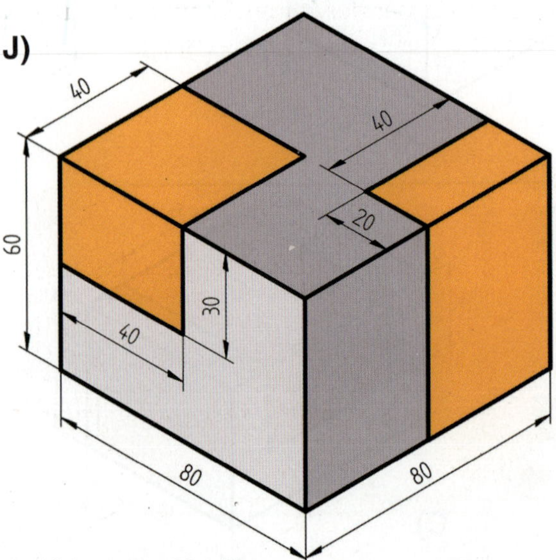

Ausklinkung 40 x 30 x 40 mm

K)

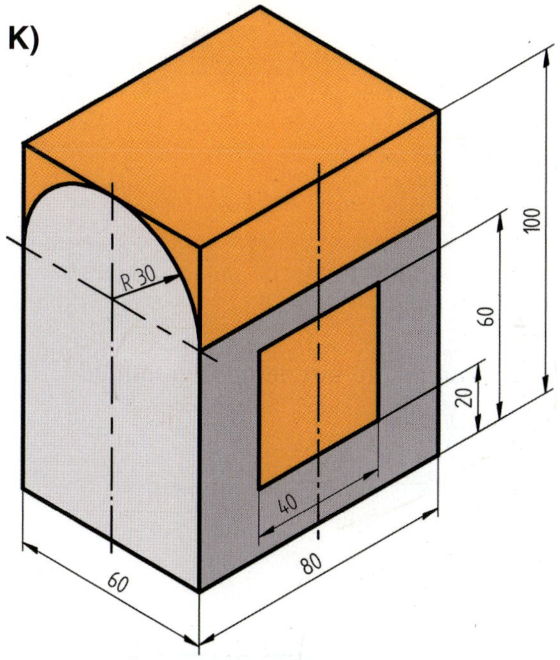

L)

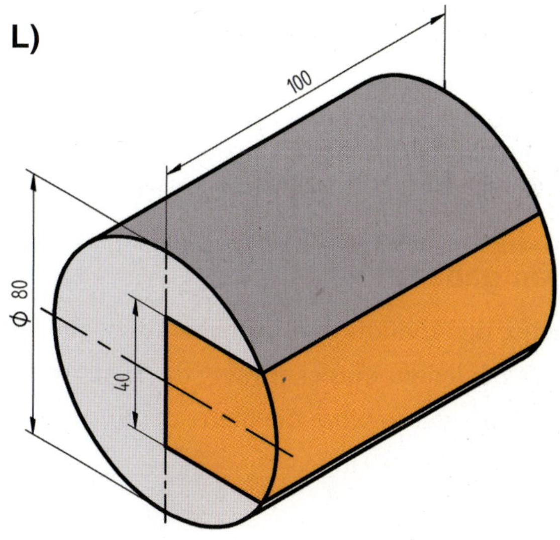

Arbeitsaufgaben

1. Skizziere die Körper auch in gekippter Lage – siehe Beispiel.

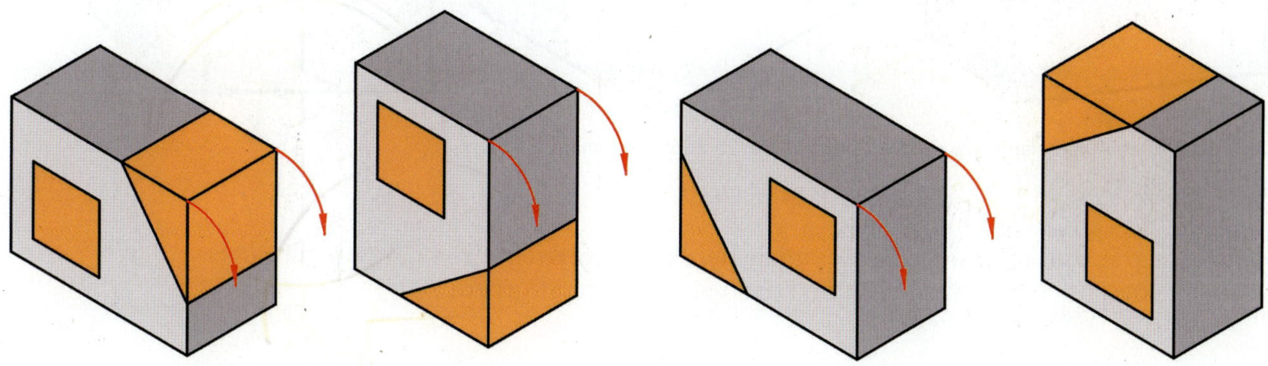

2. Skizziere die Körper der Seiten 37 und 38 (ausgenommen die Körper mit kreisförmigen Veränderungen) auch in gedrehter Lage – siehe Beispiel.

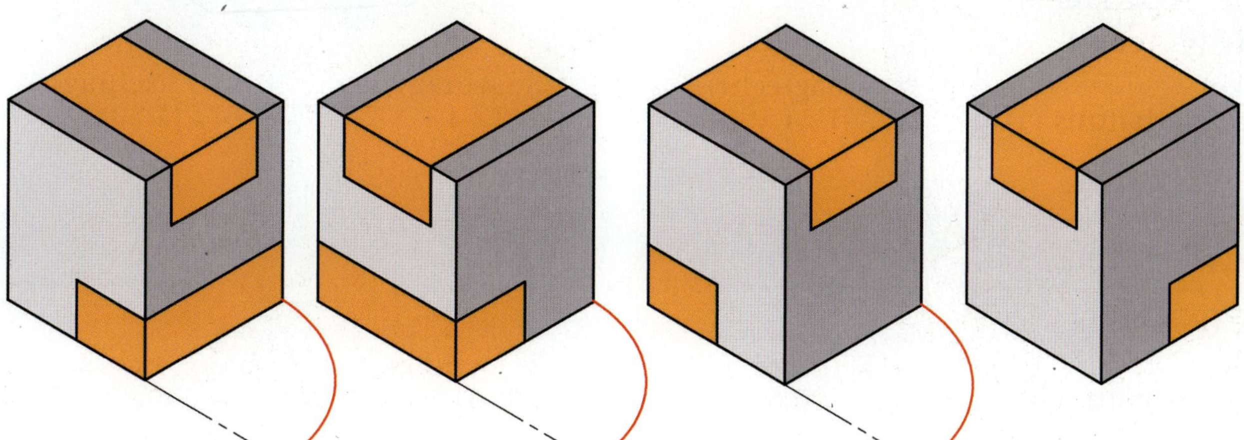

Räumliche Projektionsverfahren im Überblick

Neben der Kabinettprojektion gibt es noch weitere räumliche Projektionsverfahren. In den drei unteren Abbildungen wurde stets derselbe Quader (Grundmaße: 35 x 25 x 30 mm) abgebildet. Dabei kamen drei unterschiedliche Projektionsverfahren zum Einsatz.

Arbeitsaufgaben

1. Betrachte die Abbildungen und beschreibe die Unterschiede.
2. Ermittle bei jedem Körper entlang der x-Achse die Tiefen und vergleiche mit dem Originalmaß.
3. Miss entlang der y-Achse die Breite der Körper und vergleiche ebenso.
4. Überprüfe auch die Höhe.

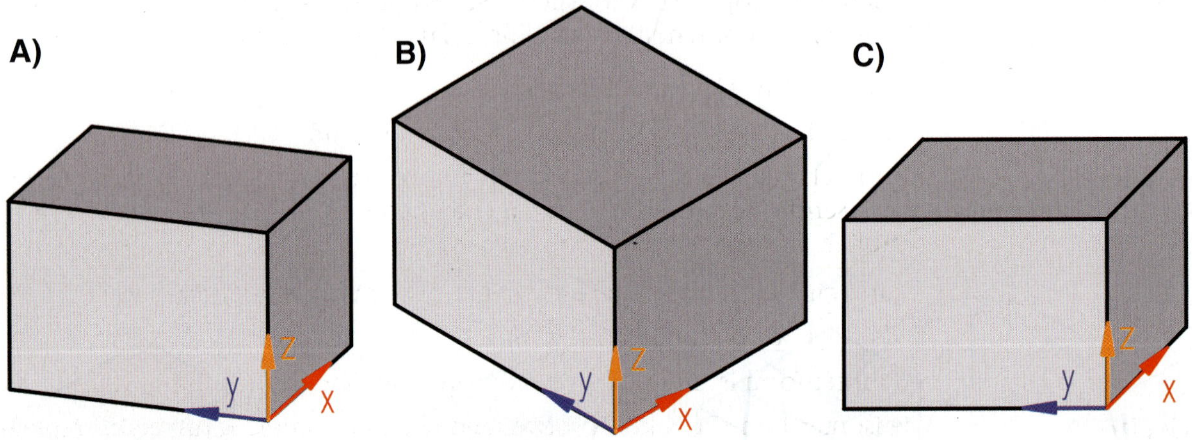

Alle abgebildeten Körper haben die gleichen Grundmaße: 35 x 25 x 30 mm.

5. In der unteren Übersicht sind die Merkmale der Projektionsverfahren näher beschrieben. Ordne die beschriebenen Verfahren den oben abgebildeten Körpern zu.

Übersicht über räumliche Projektionsverfahren

	Kabinettprojektion	Dimetrische Projektion (Dimetrie)	Isometrische Projektion (Isometrie)
Breite (y-Achse) Winkel Längenverhältnis	0° (waagrecht) 1 : 1	7° (schräg) 1 : 1	30° (schräg) 1 : 1
Höhe (z-Achse) Winkel Längenverhältnis	90° (senkrecht) 1 : 1	90° (senkrecht) 1 : 1	90° (senkrecht) 1 : 1
Tiefe (x-Achse) Winkel Längenverhältnis	45° (schräg) 1 : 0,5	42° (schräg) 1 : 0,5	30° (schräg) 1 : 1

Wann verwende ich welches Projektionsverfahren?

Neben den beschriebenen Projektionsverfahren gibt es noch weitere. Diese sind jedoch für unseren Bereich nicht von besonderer Bedeutung. Es stellt sich allerdings die Frage, wann welches räumliche Projektionsverfahren eingesetzt werden soll. Die folgende Übersicht hilft bei der Entscheidung, das richtige Projektionsverfahren zu wählen.

Projektionsverfahren	Vorteile und Einsatzbereiche
Kabinettprojektion	• Sehr einfache Projektionsart • Kreise erscheinen in der y/z-Ebene als Kreise. • Karo-Raster (gewöhnlicher Block) ist leicht zu besorgen. • Linienüberdeckungen treten nicht so häufig auf. Die Kabinettprojektion verwenden wir vor allem dann, wenn in der Vorderfläche alle wesentlichen Aussparungen zu erkennen sind.
Dimetrische Projektion	• Sehr natürlich wirkende Raumbilder • Linienüberdeckungen treten nicht so häufig auf. Die dimetrische Projektion verwenden wir dann, wenn in der Vorderfläche alle wesentlichen Aussparungen zu erkennen sind und das Raumbild sehr natürlich wirken soll.
Isometrische Projektion	• Einfacher als dimetrische Projektion, da die Winkel identisch sind. • Beide Seiten erscheinen ungekürzt. • Ellipsenform ist in der Vorder-, Seiten- und Oberfläche identisch. Die isometrische Projektion verwenden wir dann, wenn Formveränderungen an mehreren Seiten auftreten und die mögliche Linienüberdeckung vernachlässigt werden kann. Da die Ellipsenform in allen Flächen identisch ist, werden vor allem Rotationskörper wie Zylinder, Kegel und Kugel in isometrischer Projektion dargestellt.

Skizzieren von Körpern mit dem Zeichenraster

Da Skizzen in isometrischer und dimetrischer Projektion deutlich aufwendiger zu skizzieren sind, empfiehlt sich die Verwendung von Rasterpapier.

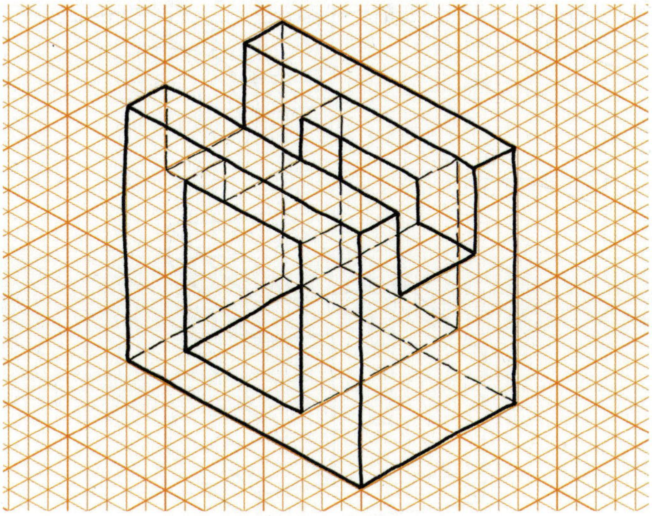

Raster für isometrische Skizzen

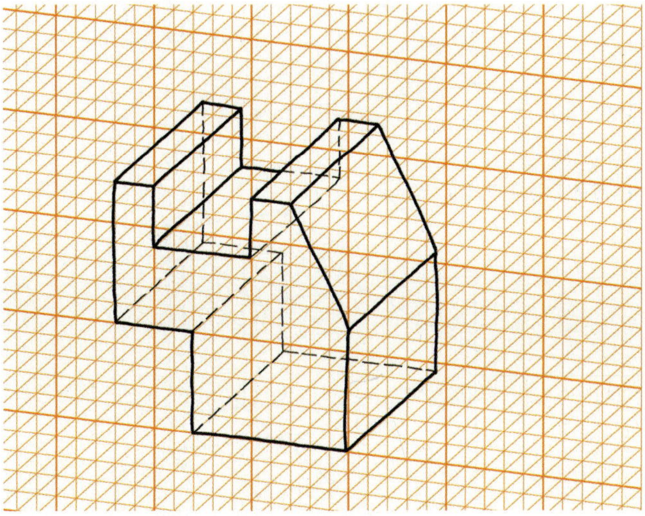

Raster für Skizzen in dimetrischer Projektion

Skizzierschritte beim Erstellen von Skizzen in dimetrischer Projektion

Arbeitsaufgabe

Beschreibe kurz die Skizzierschritte A – G.

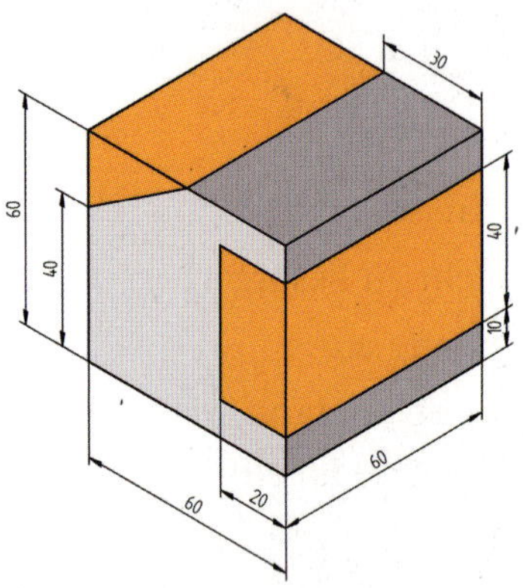

A)

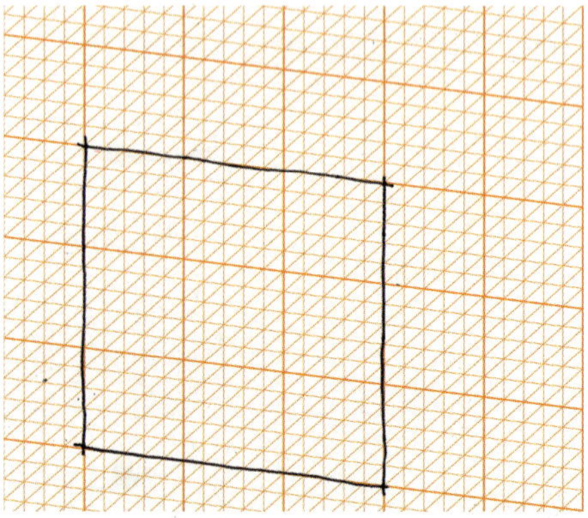

B)

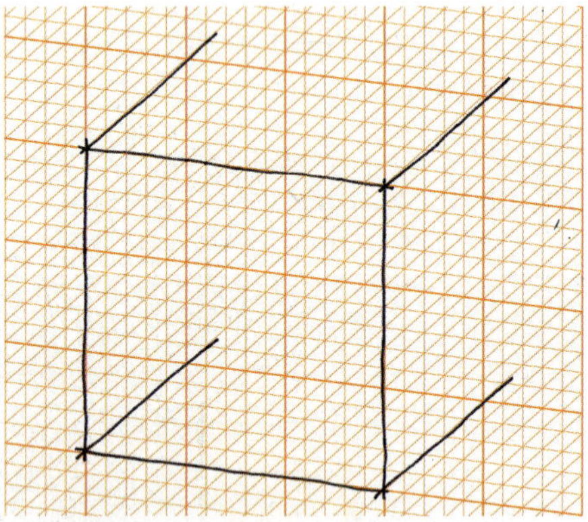

C)

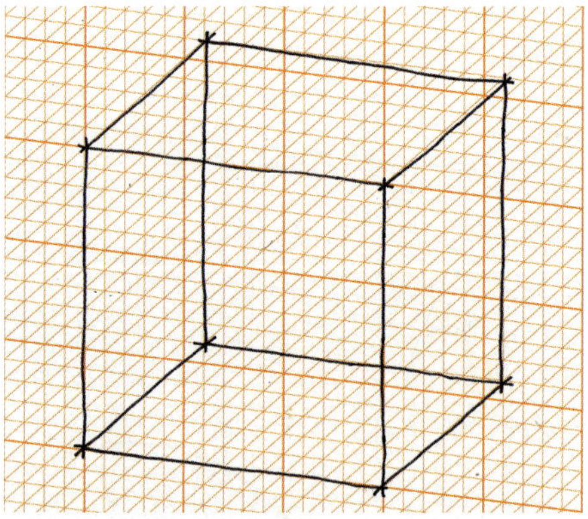

D)

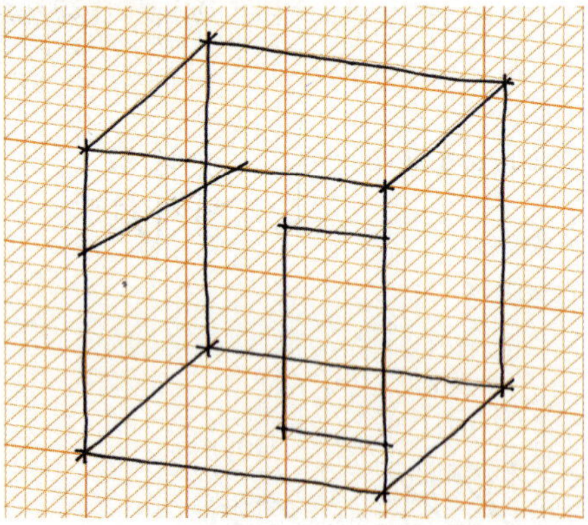

E)

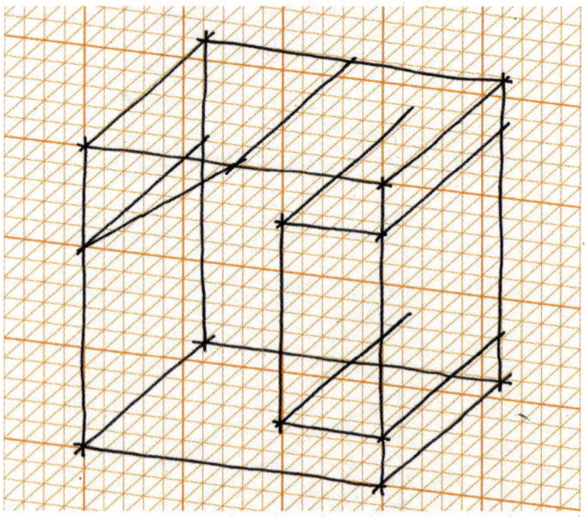

F)

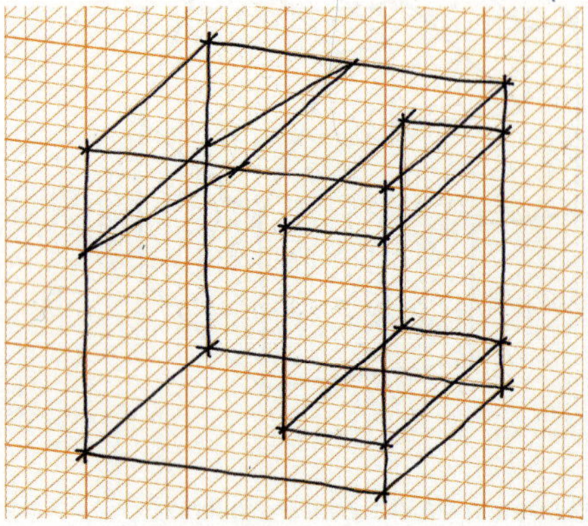

G)

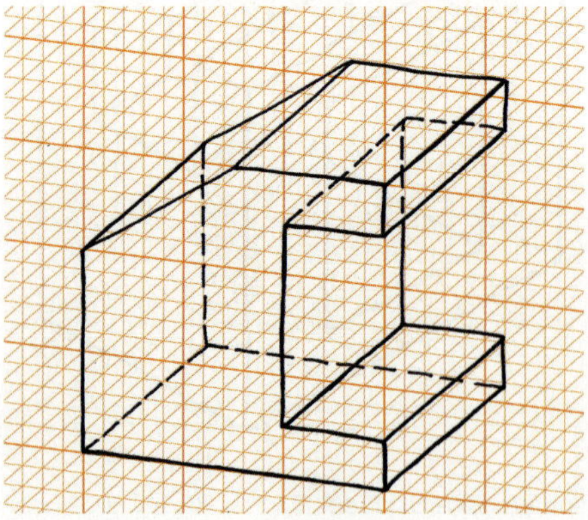

Arbeitsaufgabe

Führe die Formanalyse durch und skizziere die Werkstücke in isometrischer und dimetrischer Projektion. Zeichne alle Körper mit verdeckten Kanten. Achte auf die unterschiedlichen Linienstärken.

A)

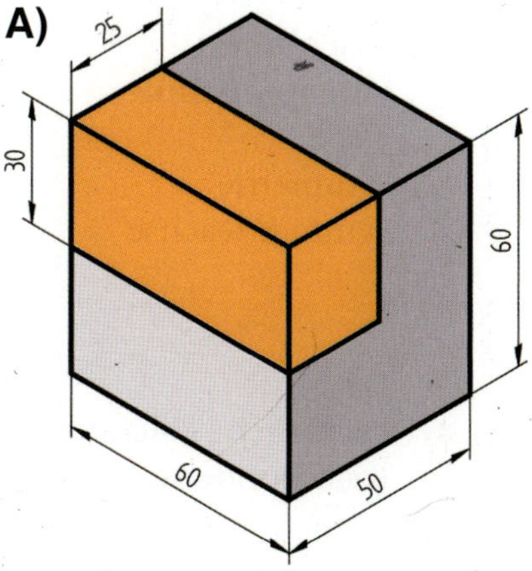

B)

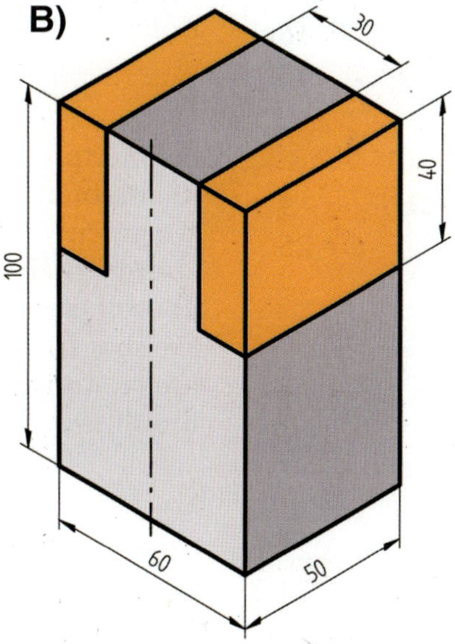

C)

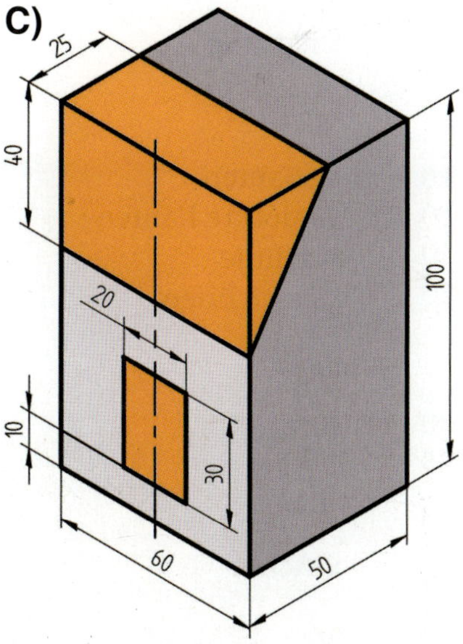

D)

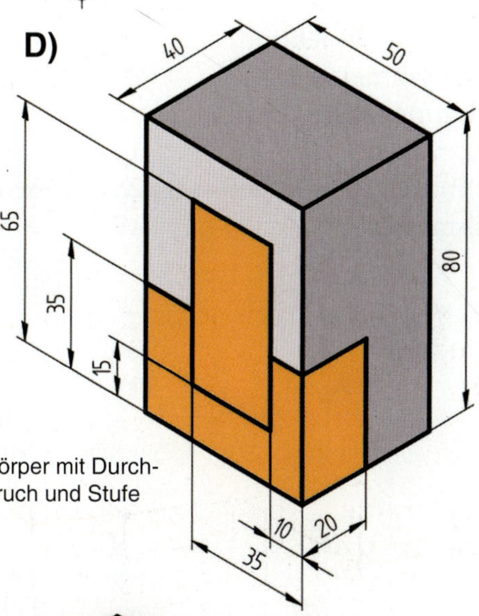

Körper mit Durchbruch und Stufe

E)

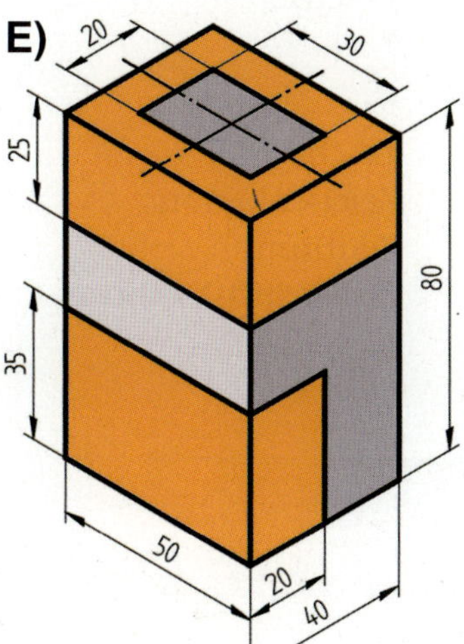

F)

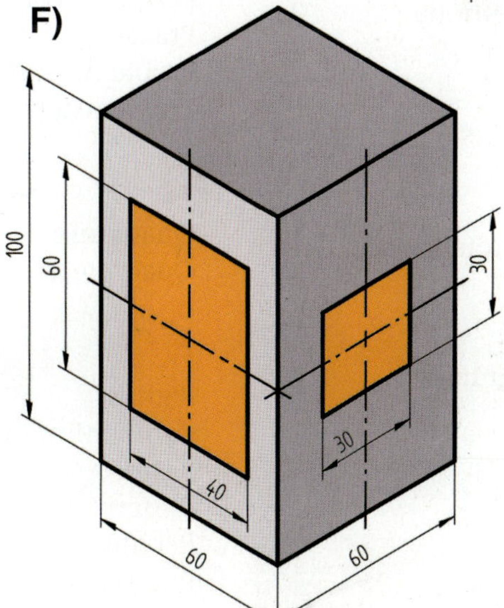

Stichwortverzeichnis